Metodología

Pedagógica

DISERTACIÓN= EXAMEN DETALLADO DE UNA CUESTIÓN
CIENTÍFICA, HISTÓRICA, ARTÍSTICA ETC.,
EJERCICIO LITERARIO SOBRE UN TEMA

Metodología

Pedagógica

Por

Findley B. Edge

Versión Castellana

Celia Mendoza y Sara P. Molina

CASA BAUTISTA DE PUBLICACIONES

CASA BAUTISTA DE PUBLICACIONES

7000 Alabama Street, El Paso, TX 79904, EE. UU. de A.

www.casabautista.org

Nuestra pasión: Comunicar el mensaje de Jesucristo y facilitar la formación de discípulos por medios impresos y electrónicos.

El original de este libro, *Helping the Teacher*, fue publicado por Broadman Press, Nashville, Tennessee. © Copyright 1959.

Ediciones: 1970, 1976, 1978, 1982 (corregida),
1984 (corregida), 1987, 1989, 1992,
1995, 1996, 1998, 1999, 2001,
2003, 2005
Decimosexta edición: 2008

Clasificación Decimal Dewey: 268.6

Temas: 1. Educación cristiana
2. Enseñanza
3. Escuelas Dominicales

ISBN: 978-0-311-11026-1
C.B.P. Art. No. 11026

1 M 1 08

Impreso en Colombia
Printed in Colombia

CONTENIDO

PROLOGO

Los hombres y las mujeres que enseñan en las escuelas dominicales constituyen un grupo de personas fieles y dedicadas. Dan generosamente de su tiempo y de sí mismas para cumplir la tarea de enseñar la Biblia. Su enseñanza ha bendecido a incontables millares de vidas. Saben la importancia espiritual de enseñar. Sin embargo, estos maestros son profundamente conscientes de sus propias limitaciones. Ellos quieren llegar a ser mejores maestros.

Este libro procura proveer ayuda a los maestros a través de una mejor comprensión en cuanto al uso de la reunión semanal de maestros y oficiales. El punto de vista del autor es que la reunión semanal de oficiales y maestros debe ser una escuela continua para la superación del maestro. Este libro, por tanto, ha sido escrito como un recurso material para ser usado por el Superintendente* de Departamento y sus maestros. El Capítulo I explica detalladamente el método de acercamiento que debe adoptar el Superintendente de Departamento. Este Capítulo es seguido por la presentación de once técnicas de enseñanza, las cuales los maestros deben usar y familiarizarse con ellas. El Superintendente de Departamento debe usar la primera parte del período de mejoramiento de la enseñanza (de ocho a doce minutos según el tiempo que tenga el grupo para este período, sea media o una hora), para enseñar el uso de uno de estos métodos o técnicas a los maestros. Será necesario celebrar varias reuniones semanales, supongamos de miércoles por la noche, para cubrir algunas técnicas.

Durante el resto del período de mejoramiento de la enseñanza, el Superintendente ha de guiar a los maestros en la preparación de la lección que ellos han de enseñar el próximo domingo usando el método que acaban de estudiar. El Superintendente debe asegurarse de reservar el tiempo necesario para la preparación de esta lección por los maestros. La aplicación de estos métodos a la lección es lo más importante. El estudio de los principios de la enseñanza en forma teórica, sin hacer uso práctico de ellos, ha sido en el pasado la mayor debilidad en la preparación de maestros.

El libro ha sido elaborado para ser lo más práctico posible. Los temas que se incluyen han sido seleccionados porque son inmediatamente aplicables a la enseñanza de la lección. La exposición de cada método de enseñanza ha sido cuidadosamente planeada y se ha agregado material que el Superintendente puede usar al enseñar a sus maestros. Además, contiene sugerencias que pueden ser usadas por el Superintendente mientras dirige a los maestros en la aplicación de los métodos a la preparación de la lección.

Se recomienda con insistencia a los Superintendentes de Departamento no seguir al pie de la letra el material que presenta este libro en la enseñanza a los maestros. Eso es, exactamente, lo que los maestros necesitan dejar de hacer en la preparación de sus lecciones. El Superintendente debe tomar este material, estudiarlo, entenderlo, asimilarlo, y hacerlo suyo antes de tratar de enseñarlo. Debe adaptar, cambiar, quitar, o agregar a cada tópico mientras procura encontrar las necesidades particulares de su grupo particular de maestros.

El orden en el cual las lecciones serán enseñadas, deberá ser determinado por el Superintendente y por los mismos maestros. No es necesario en manera alguna, seguir el orden dado en este libro. Sin embargo, el Superintendente debe planear de antemano y estar seguro de que el tema o la técnica educacional que se estudiará en un determinado miércoles en la noche, es aplicable y se puede usar con la lección de la escuela dominical, la cual los maestros estarán estudiando ese miércoles en la noche.

El superintendente se dará cuenta de que no se puede abarcar la mayoría de los temas en un período de clase, si se usa todo el material. Esto le dará a los maestros una oportunidad para "practicar" el principio por varios domingos en su enseñanza. No es el propósito del período de mejorar la enseñanza el ver *cuántos* temas se pueden abarcar en un período determinado de tiempo. El propósito es el de ayudar a los maestros a *entender* y *dominar* los principios que se discuten, no importa si éstos sean pocos o muchos. Las reuniones de los maestros continuarán semana tras semana, indefinidamente. El superintendente tendrá amplio tiempo para abarcar todos los principios que él desee. Tanto el superintendente como los maestros debieran tomar tiempo para dominar los principios gradualmente.

El material en este libro no es nuevo. Sin embargo, se ha intentado presentar los principios y las observaciones familiares en una manera práctica y reciente, y hacerle más fácil al superintendente el compartirlos con sus maestros. Este libro será también provechoso para pastores, ministros de educación y superintendentes generales de escuela dominical, como también para cualquiera que tiene responsabilidad de preparar maestros. Les será igualmente útil a maestros individuales, al hacer ellos un estudio particular de los principios que se discuten en él y aplicarlos en la preparación de lecciones para la enseñanza.

Deseo expresar mi agradecimiento a mis colegas — doctor Allen W. Graves, Decano de la Escuela de Educación Religiosa; doctor Sabin P. Landry; profesor Ernesto J. Loessner; y profesor Roberto A.

Proctor — por haber leído partes del manuscrito y haber hecho críticas valiosas. Soy deudor también al doctor A. V. Washburn, Secretario del Departamento de Escuela Dominical de la Junta Bautista de Escuela Dominical, quien leyó la mayor parte del manuscrito y me dio sugerencias de valor. La señorita Clara McCartt rindió un servicio excelente en cuestiones editoriales y asuntos de estilo. Para ella mis más profundas gracias.

A los estudiantes a quienes les he enseñado y quienes a su vez me han enseñado a mí, les expreso mi gratitud. Se les debiera considerar como coautores de este libro. Le soy deudor a la señora Glenn Hinson por haber escrito con máquina el manuscrito. Y por último, aunque no la menos merecedora, quiero expresar mi agradecimiento a mi esposa, Louvenia Littleton Edge, y a mis dos hijos, Larry y Hoyt, por su comprensión, su interés y su estímulo mientras yo escribía este libro.

1.- Hacia la Superación del Maestro

Maestros sinceros y fieles se reunen domingo a domingo con sus clases de escuela dominical para compartir con ellas sus experiencias cristianas y tratar de enseñar la Biblia de la manera más significativa. Quieren ser maestros eficaces; no obstante, saben que su enseñanza rinde mucho menos de lo que debiera. Quisieran poder hacerlo mejor, pero ¿cómo? Todas las iglesias están buscando, de todo corazón, impartir una enseñanza eficaz. Se levantan nuevos edificios para iglesias, se promueven programas de visitación, se alista gente, se publica literatura, se mantienen organismos, todo esto con el propósito de que a través de la predicación y la enseñanza de la Santa Palabra, la gente venga al conocimiento de Jesucristo como su Salvador y crezca cada vez más a Su semejanza. Un problema que está pidiendo desesperadamente una solución, es cómo ayudar a los laicos voluntarios que son líderes, a mejorar su ministerio de enseñar.

Areas en las Cuales el Maestro Necesita Ayuda

El propósito de este libro es orientar al maestro sólo en el área de los métodos o técnicas de la enseñanza. A pesar de que el "cómo" en la enseñanza es un asunto de profunda importancia y que la superación en la misma es de gran necesidad, esta no es la única área en la cual el maestro necesita ayuda. Cuando el pastor, el líder de educación cristiana, el superintendente general o superintendente de departamento, contempla el plan total de estudios que debe enseñarse, encontrará que hay por lo menos cuatro áreas importantes que deben ser incluidas.

Conocimiento de la Biblia.- La Biblia es el libro de texto central de la escuela dominical. Si bien es cierto que el conocimiento de los hechos de la Biblia no es el objetivo principal de la enseñanza cristiana, todos estarán de acuerdo en que la gente que se llama cristiana debe estar familiarizada con la Biblia y debe entenderla. Sin embargo, existe una alarmante falta de conocimiento bíblico aun en muchos de los que asisten a la escuela dominical con regularidad. Se podría esperar que una persona que ha estudiado la Biblia semana tras semana durante cinco, diez o veinte años, después debiera tener una comprensión bastante amplia de su contenido y significado. Sin embargo, a menudo no es ése el caso.

Probablemente haya dos razones para esta situación. En primer lugar, no se enseña la Biblia con una visión de guiar a los miembros de la clase a adquirir dominio sobre su contenido. En muchos departamentos de adultos se enseña la Biblia con un sentido devocional y el dominio del contenido bíblico es casi completamente ignorado. En segundo lugar, y de igual importancia, es el hecho de que los miembros de la escuela dominical no son guiados en un estudio serio y sistemático del contenido bíblico, porque los mismos maestros no tienen suficiente entendimiento del contenido bíblico para dirigir tal estudio.

¿Qué se quiere decir por "un estudio serio y sistemático de la Biblia" encaminado hacia un dominio de su contenido? Una persona que ha asistido a la escuela dominical durante varios años ha estudiado la vida de Cristo una y otra vez. La generalidad de las lecciones tienen por lo menos una cuarta parte de su contenido de cada año basado en la vida de Cristo. Sin embargo, sería difícil encontrar una persona que pudiera dar una reseña de la vida de Cristo aun de la manera más general. Solamente con un conocimiento de las condiciones sociales, políticas, económicas y espirituales con que Jesús tuvo que enfrentarse, se puede tener una comprensión del verdadero significado de las Escrituras. O si la consideración se limita a un conocimiento del contenido de la Biblia misma, ¿cuántos miembros no sabrían dar ni un esbozo general sobre el libro de Isaías, o Jeremías o cualquiera de los profetas mayores o menores? Aunque el conocimiento del contenido bíblico no es el objetivo principal de la enseñanza, es un punto valioso que no ha sido suficientemente enfatizado.

Una razón para que los maestros no hayan dirigido a los miembros de su clase en un estudio semejante de la Biblia, es que ellos mismos no tienen suficiente comprensión y conocimiento. Esta no es una crítica a los maestros; es simplemente para llamar su atención hacia una área en la cual los maestros necesitan ayuda. Ningún plan solo será suficiente para dar a los maestros el dominio de la Biblia que ellos quieren y necesitan. Ellos tienen que aprovecharse de las numerosas oportunidades que ofrece la iglesia. Libros relacionados específicamente con estudios bíblicos están a disposición de los maestros. Comentarios bíblicos y otras ayudas, hacen que los estudios realizados en la casa sean más provechosos.

Fuera de todo esto habrá oportunidades cuando los maestros necesiten enfatizar el estudio y dominio del contenido bíblico durante el período de mejoramiento de la enseñanza en la reunión semanal de oficiales y maestros. Quizá esto se haga bastante efectivo cuando los maestros se propongan alcanzar una "meta de conocimientos" dentro de un grupo de lecciones. Bajo este plan, el contenido bíblico estudiado el miércoles en la noche estará directamente relacionado con la lección que el maestro enseñará el día domingo. Es necesario enfatizar que este estudio bíblico no será de carácter devocional; más bien será un estudio serio, sistemático y aun científico, con una visión de entendimiento, significado y dominio del contenido.

Teología.— La mayoría de los maestros con frecuencia se atemorizan frente a la palabra "teología". Cuando escuchan tal palabra, casi invariablemente piensan en una técnica elevada, un estudio teórico relacionado con ideas abstractas y nebulosas. Cuando se les sugiere que debieran dar mayor atención a la teología en sus estudios, como en su enseñanza, casi invariablemente contestan: "Dejo la teología para los eruditos y teólogos. No quiero ocuparme de teología en mi enseñanza."

Sin embargo, esta aseveración no es muy exacta. En primer lugar, cada persona tiene una teología. Cualquier persona que hace algo o piensa cualquier cosa, cree algo acerca de Dios; cree algo acerca de Jesucristo; cree algo acerca de la Biblia. Esto es teología. Puede ser que su teología no sea sistemática. Puede ser que no le sea posible establecerla muy claramente. Pero si tal persona cree algo acerca de Dios y de la vida, tiene una teología. Cada cristiano debiera preocuparse de si su teología está en armonía con la enseñanza bíblica.

La segunda cosa que debe decirse es que cada maestro de escuela dominical enseña teología, aunque él declare con insistencia lo contrario. Cada vez que habla de Dios, cada vez que habla de Jesucristo, de la Biblia, de fe o de amor, está enseñando teología. Por eso todo maestro cristiano debe preocuparse profundamente de que sus afirmaciones estén basadas en una cabal interpretación de la revelación bíblica.

Los maestros de la escuela dominical están entre los más importantes maestros de teología de una iglesia. Estos maestros tendrán que reconocer su necesidad de ayuda en esta área. Los líderes de la iglesia deben hacer planes para dar a sus maestros la ayuda que necesitan. Los maestros encontrarán que los textos del curso de preparación denominacional son de gran valor.

Ellos deben conocer muy bien estos textos en la iglesia y en los cursos de preparación asociados, en los grupos de estudio por departamentos y en los estudios en casa. Otros libros muy útiles son: *Doctrina Cristiana* por W. T. Conner y *Teología del Nuevo Testamento* por Frank Stagg.

El pastor tiene una magnífica oportunidad para ayudar a sus maestros y a los miembros de la iglesia en general, mientras dirige a su congregación en estudios doctrinales, cursos de preparación, sermones y en reuniones de oración. No debe existir un conflicto básico entre la teología que se enseña en la escuela dominical y la que se predica desde el púlpito. Cuando surge este conflicto, a menudo se debe al hecho de que el maestro de escuela dominical no tiene una comprensión inteligente de la enseñanza bíblica. Esto no es culpa del maestro. Más bien es culpa de quienes tienen la responsabilidad de enseñarle. La reunión semanal de oficiales y maestros podrá ser usada algunas veces para ayudar a los maestros en esta área. Cuando una serie de lecciones están basadas en las grandes doctrinas de la fe cristiana, los maestros podrán ser dirigidos en un estudio serio de estas doctrinas antes que se enseñen las lecciones. Los maestros debieran estar seguros de tener una visión clara y de que no les quedan dudas en cuanto a las implicaciones teológicas de las lecciones que van a enseñar.

Características de la edad de los grupos.— El maestro también necesita ayuda para entender las características propias de la edad del grupo que enseña. Quizás en el pasado se haya dado mayor importancia a esto, que la que se dio a las dos áreas antes expuestas. Sin embargo, es una constante necesidad que el maestro entienda a los alumnos que enseña. Realmente, no se puede lograr una enseñanza efectiva a no ser que se entiendan y se consideren los intereses, necesidades y características de los individuos a quienes se les va a enseñar. El maestro debe estar profundamente informado sobre cuáles son los conceptos religiosos que los miembros de su clase pueden asimilar, de acuerdo a la edad específica que tienen. Algunas veces los maestros pretenden enseñar conceptos religiosos que para un niño, en determinada etapa de su desarrollo, son imposibles de entender.

Para entender las características propias de la edad del grupo que enseña, el maestro encontrará otra vez que los textos del curso de preparación denominacional, le son indispensables.

También le serán de gran ayuda los seminarios o conferencias a que pueda asistir, sean éstos de carácter regional o denominacional. Ocasionalmente se puede hacer un estudio de las características propias de la edad de los diferentes grupos, en la reunión semanal de oficiales y maestros. Para este estudio rara vez se necesitará usar todo el tiempo del período de mejoramiento de la enseñanza. Sin embargo, puede usarse un período breve de ocho a diez minutos para estudiar una de las características; y entonces, al preparar la lección del domingo siguiente, los maestros pueden aplicar la enseñanza que acaban de adquirir.

Técnicas o métodos de la enseñanza.— El maestro necesita igualmente orientación en las técnicas o métodos de la enseñanza. La habilidad en el uso de estos métodos le ayudará a hacer más significativa y más efectiva la enseñanza de los conocimientos bíblicos, profundizando la comprensión del significado fundamental de las Sagradas Escrituras, cambiando actitudes, y enriqueciendo vidas. El contenido de este libro está dedicado al estudio de esta cuarta área.

Varios Medios para la Capacitación del Maestro

Es relativamente fácil señalar las áreas en las cuales los maestros necesitan ayuda. Es igualmente fácil encontrar materiales como medios que sirvan de base a la capacitación del maestro. Es mucho más difícil proveer para los maestros esas instructivas experiencias que los guiarán a ser canales cada vez más efectivos a través de los cuales el mensaje del evangelio fluya inteligentemente y lleno de significado. En este libro se presentan once planes para la capacitación del maestro; diez de los cuales son expuestos muy brevemente, mientras que al décimoprimero se le considera con más detalle porque parece ser el mejor plan para prestar un servicio continuo en la capacitación. No obstante, es necesario que se entienda bien que no todo plan es adecuado para confrontar las necesidades de todas las iglesias. Todos los planes tienen sus puntos fuertes y débiles, sus ventajas y limitaciones. El mejor medio para capacitar al maestro será usar varios de estos planes en distintas oportunidades y de diferentes maneras.

Aprendizaje.— Se le pedirá a un maestro en perspectiva que da muestras de interés, que trabaje y comparta experiencias con un maestro preparado y capaz que esté desempeñando su trabajo. Lo ideal es que cuando el maestro prepare su lección, el aprendiz participe en el planeamiento de la lección, observe las experiencias de la clase, y tenga una reunión de análisis y evaluación después de cada clase.

Clase especial de capacitación, el día domingo en la mañana.— Esta clase se puede reunir durante el período regular de la escuela dominical. Se invita a un número limitado de maestros en perspectiva a registrarse en esta clase. El curso puede durar de tres a seis meses. Se les capacita en un estudio del contenido bíblico, doctrinal, características de los grupos según la edad, y métodos de enseñanza. Durante el curso se les da la oportunidad de visitar clases de la edad en que tengan interés y quieran observar y tener una experiencia real de la enseñanza.

Cursos de capacitación.— Hay varias clases de cursos de capacitación con los cuales la mayor parte de la gente está familiarizada. Existen cursos de capacitación organizados por cada iglesia, por la asociación de iglesias de la ciudad, por Uniones o Asociaciones, o cursos regionales de preparación. Estos cursos pueden tener una sola clase en la que se reunen todos los maestros a la vez, o pueden tener varias clases divididas en base a departamentos o en base a los diferentes intereses de los grupos.

Cursos de verano.— Las conferencias nacionales, regionales o denominacionales ofrecen una oportunidad para dar énfasis especial en el desarrollo del liderato. En estas conferencias usualmente se dispone del mejor grupo de líderes; por esta razón las oportunidades de estudio que se proporcionan están bajo la dirección de especialistas bien preparados.

Estudios en el hogar.– Algunas iglesias locales y algunas denominaciones están proporcionando textos de orientación para sus maestros y otros obreros. Este plan tiene la ventaja de dar al maestro la oportunidad de estudiar de acuerdo a sus propias conveniencias. El punto débil en este sistema es que carece de la dirección personal de elementos que tienen mayor experiencia, lo cual es a menudo esencial para el aprendizaje.

Reunión mensual de obreros.– Estas son reuniones mensuales regulares de todos los maestros y oficiales de la escuela dominical. Maestros y oficiales podrán reunirse juntos en un grupo o quizá se reunan por departamentos. Muy a menudo estas reuniones se dedican enteramente a asuntos de organización y promoción. Sin embargo, algunas iglesias tienen una reunión de dos horas de las cuales dedican una hora o más a la capacitación.

Observación.– Se podrá proporcionar oportunidades para observar las clases en la iglesia propia, o se puede obtener permiso para observar el trabajo de una clase o departamento de alguna otra iglesia que está realizando un buen trabajo. Se consiguen mejores resultados cuando el observador sabe exactamente qué es lo que quiere ver.

El maestro ayudante o supervisor.– En algunas denominaciones las iglesias están comenzando a tener lo que pudiera llamarse un "maestro ayudante o supervisor". Este es un miembro de la iglesia que por su habilidad y su capacitación especial es apto para aconsejar, observar y hacer demostraciones. Recientemente la editorial Seabury ha publicado una "Guía para Capacitar al Maestro", para que el "maestro ayudante" lo use con los grupos o de manera individual.

Laboratorios.– Estos laboratorios son cursos que combinan el trabajo en clases con la observación a maestros con experiencia en el desarrollo mismo de sus lecciones mientras enseñan su clase de niños. Usualmente estos laboratorios son organizados en el verano y pueden durar de una a tres semanas. Otras veces se organizan en series que se llevan a cabo los fines de semana.

Talleres o retiros.– Muchas iglesias han obtenido buenos resultados con un retiro de fin de semana para todos los oficiales y maestros antes de comenzar el programa de un nuevo período. Durante esta reunión se consideran problemas vitales que se relacionan con la tarea de la enseñanza en la iglesia. Se hacen investigaciones y se encuentran recursos para solucionar los problemas haciendo frente al desafío que se relaciona con el trabajo de la escuela dominical como un todo, así como la tarea de cada maestro en particular.

Una Escuela Continua

Aunque sea posible llevar a cabo todos los planes antes mencionados, la reunión semanal de oficiales y maestros es la que ofrece la mejor oportunidad para una efectiva capacitación del maestro. Es posible conseguir que el período de mejoramiento de la enseñanza en la reunión de maestros, sea una "escuela continua hacia la superación del maestro". Este libro tiene el propósito de proveer parte del contenido o plan de estudios de esta "escuela". Afortunadamente estas escuelas se reunen cada semana. El estudio debe continuar semana tras semana, dando tiempo a los maestros para estudiar más concienzuda y pausadamente. A través de la reunión semanal de oficiales y maestros ellos pueden estudiar, aprender, mejorar a la vez que enseñan.

En este período de mejoramiento de la enseñanza, se necesita de una variedad de medios. No se podrán enfrentar todas las necesidades de los maestros de una sola manera. A la vez que los maestros se van superando en su enseñanza a través del estudio de los métodos o técnicas, ellos ampliarán también sus conocimientos de la Biblia y profundizarán sus conocimientos de teología mientras estudian sus lecciones de la escuela dominical semana tras semana. Sin embargo, hay ocasiones cuando se debe dar atención específica y concentrada a áreas más extensas de conocimiento bíblico y doctrinal.

No obstante, cualquier medio, no importa cuán bueno sea, si se usa continuamente terminará siendo monótono. Por esta razón se sugiere que el estudio de métodos o técnicas de la enseñanza sea planeado para un determinado período de tiempo, supongamos de tres o seis meses. Otro período de tiempo se usará con el propósito de adquirir mayor dominio del conocimiento bíblico, y seguidamente se podrá hacer un estudio de teología. El tipo de lecciones de la escuela dominical que se debe enseñar en un tiempo determinado, y las necesidades personales e intereses de los maestros, determinarán cuál es el énfasis que debe darse a estos cursos. Un programa planificado de esta manera hará del período de mejoramiento de la enseñanza de una escuela continua por medio de la cual los maestros de la escuela dominical llegarán a ser mejores maestros.

El Período de Mejoramiento de la Enseñanza

La pregunta lógica que surge ahora es ¿qué plan específico se debe seguir para que la reunión semanal de oficiales y maestros sea una "escuela continua"? La manera más efectiva de usar el período de mejoramiento de la enseñanza es que un líder o maestro del grupo haga una breve presentación de alguno de los métodos de enseñanza. Entonces debe dar a los maestros la oportunidad de "practicar" usando ese método en la preparación de su lección para el domingo siguiente. Al enseñar a los maestros el uso de cierto método, se comprobará que es de gran ayuda el período de práctica bajo la supervisión del maestro-líder.

Este maestro-líder del grupo toma la iniciativa de encaminar a los maestros a poner en práctica una serie de estudios. Las páginas restantes de este libro ofrecen tanto orientación como material para tal serie de estudios. Los maestros podrán seleccionar entre los temas presentados, los que se ajusten mejor a sus necesidades más inmediatas. Mayormente los temas pueden usarse en el orden deseado. Por lo general, el material presentado es más del que se puede considerar en el breve período de un miércoles en la noche. Por lo tanto, un determinado tema puede ser considerado en dos o más reuniones. Junto con cada tema se dan sugerencias para el maestro-líder, mostrándole cómo puede ayudar a los maestros a relacionar el material con la lección que ellos deben enseñar el domingo siguiente.

El maestro-líder de grupo.— La responsabilidad de dirigir a los maestros de determinado departamento en estos estudios, corresponde al superintendente de departamento. Este superintendente es responsable de la organización y administración de su departamento. Es responsable también de la promoción, procurando allegar más personas para el estudio de la Biblia. Sin embargo, su mayor responsabilidad tiene que ver con la calidad de enseñanza que se está impartiendo en su departamento. Por tanto, el ayudar a sus maestros a superar cada vez más su enseñanza, es una de sus más grandes responsabilidades y una de sus mejores oportunidades.

Tal vez debe agregarse a la lista de requisitos para ser superintendente: "habilidad para enseñar". Usualmente estos oficiales son elegidos por su habilidad de organizadores, administradores y promotores. Para mejorar la calidad de la enseñanza en la escuela dominical es necesario elegir superintendentes que tengan la mayor habilidad para enseñar. El superintendente debe ser el mejor maestro del departamento. Infelizmente, en el pasado no se ha dado bastante énfasis a esta oportunidad que tiene el superintendente. A menudo se escucha apuntar a un maestro que ha llegado a ser superintendente: "Me gusta mi trabajo como superintendente, pero ciertamente echo de menos mi trabajo como maestro". Lo que le falta reconocer es que como superintendente tiene una mayor oportunidad de enseñar que siendo solamente maestro de una clase. Como superintendente tiene la oportunidad de ayudar a elevar el nivel de calidad de toda la enseñanza que se imparte en su departamento, pasando a ser el "maestro de sus maestros". No tiene mejor oportunidad ni más importante responsabilidad que ésta. Por tanto, es su deber dirigir a sus maestros en el estudio de métodos para la enseñanza y guiarlos en la aplicación de estos principios en la preparación de la lección que ellos van a enseñar el domingo siguiente.

En los departamentos en los cuales el superintendente no tenga habilidad de enseñar, quizá sea necesario que el superintendente y los maestros, de común acuerdo, elijan a uno de los maestros del mismo departamento que tenga especial habilidad en la enseñanza. Sin embargo, en todo lo posible será el superintendente del departamento quien debe asumir esta responsabilidad.

El plan.— El miércoles en la noche, el superintendente del departamento presenta a sus maestros la técnica o método de enseñanza que será considerado esa noche. Esta presentación será tan breve como sea posible, para que quede el tiempo suficiente para practicar el uso del método en la preparación que hagan los maestros de la lección del domingo siguiente. Una de las mayores dificultades es el problema del tiempo. Si el período que se tiene para el mejoramiento de la enseñanza es de sólo treinta minutos, como ocurre generalmente, el maestro-líder tendrá sólo de siete a ocho minutos para exponer el método. Los restantes veintidós o veintitrés minutos tendrán que reservarse para la aplicación del método en la preparación de la lección. Es de urgente necesidad un período de mejoramiento de la enseñanza que dure de cuarenta y cinco minutos a una hora. Sugerimos el siguiente horario que puede ser considerado:

6:00 Cena
6:30 Período general de promoción
6:45 Período de promoción en el departamento
7:00 Período de mejoramiento de la enseñanza en el departamento
8:00 Reunión de oración

Si se puede seguir este horario, el superintendente del departamento tendrá de veinte a veinticinco minutos para presentar el método de enseñanza y los maestros tendrán de treinta a cuarenta minutos para la aplicación y preparación de la lección.

Consideramos necesarias unas palabras de explicación en cuanto a la "aplicación del método a la preparación de la lección". Después que el superintendente ha presentado el método (o una parte de él), deberá entonces, guiar a los maestros en la preparación de la lección para el domingo, orientándolos en la aplicación del método que se acaba de estudiar. Por ejemplo, el grupo está estudiando el tema: "Usando el método de las preguntas y respuestas".

El superintendente presentará este tema, ayudando a los maestros a entenderlo completamente y respondiendo a las preguntas que ellos puedan tener al respecto. Encaminará luego a los maestros a empezar la preparación de la lección del domingo. En el transcurso de la preparación de esta lección, él animará a los maestros a planear las preguntas que deben formular el domingo. Les ayudará a analizar el tipo de preguntas que deben hacerse y evaluará su posible efectividad.

Puede ser que el superintendente del departamento encuentre necesario pasar dos o más miércoles en la noche en un tema tal como preguntas y respuestas. En verdad, esto no es perjudicial, sino, por el contrario, una ventaja. En primer lugar, con el tiempo disponible tan limitado, encontrará que son necesarias varias semanas para hacer una exposición satisfactoria del principio educacional que se está estudiando. En segundo lugar, los maestros deberán tener varias semanas para practicar el uso de la técnica, de tal manera que venga a formar verdaderamente parte de su experiencia de modo que sean capaces de aplicarla en cualquier lección subsecuente que ellos enseñen. La idea que sostiene este plan, no es ver cuántos principios se pueden abarcar en un tiempo dado, sino detenerse en un principio hasta que los maestros sepan cómo usarlo.

Se notará que cuando los maestros comienzan a preparar sus lecciones, se usa un procedimiento de estudio en grupo con la activa participación de cada maestro. El superintendente del departamento no enseñará la lección del domingo siguiente. Antes bien, los maestros se sentarán alrededor de una mesa donde puedan escribir y hablar juntos. Se proveerá a cada maestro de una hoja de papel con el plan de la lección mimeografiado, la cual él puede llenar durante un intercambio de ideas. En este tiempo cada maestro comparte sus ideas, sus conocimientos y experiencias. Es obvio que para tener algo que compartir cada maestro tiene que haber estudiado su lección antes de venir a la reunión del miércoles en la noche.

El número de participantes de estos grupos de estudio es muy importante. Es necesario que el grupo sea bastante reducido para que cada maestro pueda tener atención personal del maestro-líder. Infelizmente existen algunos superintendentes y maestros que creen que no pueden tener reuniones con éxito a menos que formen un grupo grande. Sin embargo, cuando se está enseñando habilidad y destreza, es importante que cada persona sea atendida individualmente. De cinco a siete personas forman el número ideal para un grupo de estudio. Si hay un departamento que tiene de diecisiete a dieciocho maestros, será muy acertado formar dos o tres grupos de estudio. De otro modo, algunos de los maestros quedarán ignorados en el grupo y éstos son usualmente los que necesitan mayor ayuda.

Ventajas

Este plan de combinar el estudio de un método de enseñanza con la aplicación práctica a la preparación de la lección, tiene varias ventajas. Primero, da a los maestros la oportunidad de mejorar la calidad de su enseñanza al hacer un estudio intensivo de diversas maneras de enseñanza. Los maestros de la escuela dominical son amas de casa, secretarias, abogados, agricultores, hombres de negocios y obreros. La mayoría de ellos nunca ha tenido un estudio serio sobre pedagogía. Quieren ser buenos maestros, pero necesitan ayuda. Este plan procura proveer esta ayuda necesaria. En segundo lugar ofrece orientación al maestro en la preparación de la lección que va a enseñar el domingo. Cuando se ocupa todo el tiempo de la reunión de maestros en el estudio de los principios educacionales, los maestros se quejan de no haber recibido la ayuda específica que necesitan para enseñar la lección del domingo siguiente. Este nuevo plan combina un estudio de los métodos de enseñanza con un estudio de la lección del próximo domingo.

En tercer lugar no sólo provee a los maestros la oportunidad de estudiar los principios de la enseñanza, sino que les da también la oportunidad de poner en práctica esos principios preparando una lección real. Muy a menudo todos los esfuerzos por preparar maestros han sido muy teóricos y abstractos. Los líderes se han esforzado por enseñar métodos de enseñanza, pero los estudios no han estado relacionados con una experiencia real en la enseñanza. De ahí resulta que cuando el maestro encuentra difícil la aplicación de estos métodos en la preparación de sus lecciones, tiende a enseñar como si nunca hubiera tenido el curso de capacitación. El plan sugerido aquí evita esta lamentable equivocación dando al maestro la oportunidad de aplicar el método mientras planea su lección bajo la supervisión y dirección del maestro-líder.

En cuarto lugar, este plan tiene también la ventaja de utilizar la técnica de "adiestramiento en el trabajo". El estudio que hacen los maestros de algún método de enseñanza, no es conocimiento meramente archivado para un uso futuro. Lo ponen en práctica inmediatamente en la preparación de la lección; lo prueban en una situación real en día domingo; y el miércoles siguiente en la reunión nocturna lo analizan y discuten sobre los éxitos y deficiencias del domingo. Entonces hacen sus planes para llevar a cabo un mejor trabajo de enseñanza el domingo siguiente.

En quinto lugar, cuando se usa la reunión semanal de oficiales y maestros como una escuela para la superación del maestro, los maestros tienen un curso de preparación que dura indefinidamente. Esta es una ventaja evidente. En un curso regular de preparación para enseñar en la escuela dominical, que se reune cinco noches en la semana, el maestro que está dictando el curso cree que debe abarcar determinada extensión de un programa. No le queda tiempo para orientar a los maestros en una detenida práctica y aplicación de los principios que se están estudiando. Aun cuando se dicta un curso durante la reunión semanal de maestros, el maestro-líder cree que tiene que abarcar cierto número de temas en un tiempo determinado. Sin embargo, en este plan nadie necesita apurarse en abarcar cierto número de temas en un tiempo determinado. Si en el período de tres meses el grupo ha estudiado sólo cuatro temas, será bastante satisfactorio si se tiene en cuenta que esos cuatro temas han sido bien dominados por los maestros. Si los maestros quieren tener algún otro tipo de estudio, para variar, es también muy satisfactorio. La reunión semanal de oficiales y maestros continúa indefinidamente. Con el transcurso del tiempo el superintendente del departamento tendrá la oportunidad de enseñar todos los métodos presentados en este libro y muchos más. ¡No hay prisa!; el propósito es el dominio de ellos.

En sexto lugar, este plan tiene esos principios conducentes a aprender: (1) Los maestros tienen un sentido de necesidad —tienen que enseñar la lección del próximo domingo. (2) Tienen un interés

—quieren superarse. (3) Tienen una oportunidad de aprender realizando el trabajo. (4) Tienen la oportunidad de poner en práctica lo que han estudiado, usándolo al dar la lección el domingo. (5) Tienen la oportunidad de hacer un repaso y evaluación en la reunión conjunta del miércoles siguiente por la noche.

2. Pasos en la Preparación de una Lección

Para una enseñanza efectiva es indispensable tener un plan de la lección que haya sido cuidadosamente preparado. El plan de la lección para el maestro, es lo que es un mapa para un viajero, un plano para un constructor, o un diseño para un artista. En esta serie de estudios se han considerado en primer lugar los pasos en el planeamiento de la lección, porque es esencial que el maestro tenga una manera sistemática de preparar la lección, si es que quiere mejorar su enseñanza. Las diferentes técnicas de la enseñanza que serán consideradas más adelante en este libro, se ajustarán normal y naturalmente dentro del plan de la lección que se sugiere aquí.

La Importancia del Planeamiento

¿Por qué esta preocupación de planear y preparar la lección? ¿Por qué es necesario que el maestro ocupe tanto tiempo, energía y esfuerzo para planearla? ¿No es entonces la enseñanza algo más bien simple? ¿No hay suficiente material en el expositor o manual para el maestro? ¿Por qué el maestro no puede "darla" simplemente a la clase? Enseñar no es "servir" el material, de la manera que una cocinera sirve los alimentos. Enseñar es usar la Palabra viva para enfrentar a la gente con el Dios Redentor, de tal manera que el Espíritu Santo tenga una oportunidad efectiva de hacer que la Palabra sea viva en la vida del que aprende. Esto no es ni fácil ni simple. No hay tarea más importante en la cual el maestro deba sentirse comprometido. Enseñar demanda lo mejor que el maestro pueda ofrecer tanto de su preparación como de su propia vida. Por supuesto que no puede ofrecer ni a Dios ni a sus alumnos una lección al azar, desordenada y a medio preparar.

El tiempo que el maestro tiene para enseñar es, en el mejor de los casos, limitado. La lección debe planearse de tal manera que se haga el mejor y más efectivo uso del tiempo disponible. El maestro no debe contentarse con leer simplemente la lección, para adquirir una familiaridad superficial de las ideas presentadas, y hacer unas pocas notas precipitadas, apuntadas en un pedazo de papel, o, peor que eso todavía, hacer las notas en el margen de su expositor o manual, usando esto como la base de su enseñanza. La tarea del maestro es demasiado sagrada y la vida de sus alumnos muy importante para que él haga tan desmerecida labor. Toma tiempo planear, pero el maestro debe dar gustosamente suficiente tiempo y esfuerzo para una adecuada preparación.

Un plan de la lección sirve al maestro para muchos propósitos. Le ayuda a determinar qué material debe usar y qué material desechar. Le da un sentido de confianza cuando pasa al frente de la clase el domingo por la mañana. Ayuda al maestro y a los alumnos a mantenerse en la "línea" y a evitar discusiones sin valor. Le ayuda a determinar el tiempo que debe dar a cada parte de la lección. Sin embargo, el maestro no debe ser esclavo de su planeamiento. El plan debe ser bastante flexible como para permitir dejarlo de lado momentáneamente para seguir el interés de los alumnos. El maestro debe recordar que alcanzar el objetivo es lo más importante de la enseñanza. Si los alumnos necesitan tocar un punto que está fuera del plan, o si para resolver un problema quieren usar más tiempo del que el maestro ha planeado para ese punto, y si este cambio puede ser de más ayuda para alcanzar el objetivo, el plan de la lección debe ser modificado y algunas veces completamente descartado.

Ayudas Prácticas

Hay ciertas cosas simples y prácticas que ayudarán al maestro en la preparación de su lección.

Tiempo para la preparación.— Todos somos personas ocupadas. Sin embargo, es una verdad que la gente más ocupada es la que generalmente encuentra tiempo para hacer más cosas que aquellos que tienen menos ocupaciones. Quizá la razón sea porque la gente más ocupada ha aprendido a cómo programar sus actividades. El maestro que tiene muchas ocupaciones debe asignar un período de tiempo (o períodos de tiempo) en su horario semanal para la preparación de su lección. Estas horas de estudio deben reservarse tan cuidadosamente y mantenerse con tanta fidelidad como lo haría con un compromiso con un amigo importante. Si la reunión semanal de oficiales y maestros ha de ser usada como un curso en el que los maestros juntos planeen la lección del domingo próximo, es absolutamente necesario que el maestro estudie su lección antes de la reunión. Esto es necesario por dos razones: Primero, porque el estudio de la lección en la reunión de maestros no será tan provechoso como cuando se la ha estudiado de antemano. Segundo, porque si el maestro no ha estudiado su lección no tendrá qué contribuir a las consideraciones y exposiciones que haga el grupo.

El maestro querrá hacer un estudio preliminar de las lecciones del trimestre antes que éste comience. Tal estudio le da una idea general de las lecciones que va a enseñar. Deberá empezar la preparación específica de una determinada lección el día domingo en la tarde o lunes. Se tendrá un estudio más amplio el día miércoles en la noche en la reunión de maestros; y su preparación final la hará más tarde en la semana.

Un lugar para la preparación.— Muchos maestros encuentran de gran ayuda tener un lugar definido para la preparación de su lección. En ese lugar el maestro tiene la Biblia, el expositor o manual con las lecciones del trimestre, materiales auxiliares relacionados a la lección, los cuadernos de los alumnos, comentarios y otras ayudas, de manera que estén disponibles cuando los necesite.

Materiales para la preparación.— ¿Qué materiales necesitará el maestro que le ayuden en la preparación de la lección? Comenzará, por supuesto, con su Biblia. Tal vez necesite dos Biblias que faciliten su estudio — por ejemplo, una buena traducción moderna. Luego necesitará el expositor o manual trimestral para maestros como también el de alumnos. Necesita saber lo que los alumnos han estudiado. Necesitará su cuaderno de notas con datos informativos relacionados a sus alumnos, porque cada lección debe ser preparada pensando en las necesidades e intereses de ellos.

El maestro necesitará por lo menos un buen comentario bíblico de un volumen . También necesitará un diccionario de la Biblia. Otra ayuda importante en la preparación de las lecciones es un atlas de la Biblia.

Preparación Básica

Preparación personal.— Cuando el maestro se dispone a preparar su lección, su propia actitud personal es de suyo importante. Por tanto, debe comenzar por él mismo, por medio de la oración y la meditación. El maestro no estudia ni enseña solo; el Espíritu Santo es su guía y maestro. Primero es necesario que el maestro tenga "oídos para oir" cuando le habla el Espíritu Santo. Si está cansado, distraído, o los afanes del día le abruman, será difícil que el mensaje de Dios penetre en él. El tiempo de estudio de la lección es un tiempo santo, y hay que entregarse a él con un espíritu de profunda reverencia.

Estudiando la Biblia.— ¿Qué será lo primero que deba hacer el maestro al tratar de preparar su lección? y ¿qué lo que deba hacer después? Los pasos variarán de maestro a maestro; cada uno tendrá que seguir el orden que sea más provechoso para él. Lo que sigue es simplemente una sugerencia. Debe notarse que estos pasos no van separados, es decir, que no constituyen divisiones aisladas entre sí, sino que se suceden y se entrelazan unos con otros en un proceso continuo. Aquí se presentan separados sólo con el propósito de permitir que el maestro los observe. Primero, debe leer en la Biblia el pasaje de las Escrituras que está impreso en el manual o expositor, y su contexto (el texto completo de la lección) en el cual se encuentra el pasaje impreso. En esta primera lectura del pasaje de las Escrituras, el maestro dejará que la Biblia le hable; él lee para su propio enriquecimiento espiritual. ¿Qué le está diciendo Dios en este pasaje? ¿Qué significan para su propia vida las verdades de este pasaje? ¿Cuáles son algunos de los problemas que todavía tiene que encarar? Luego, el maestro querrá estudiar el pasaje por segunda vez, usando un comentario que le ayude a entender el significado del pasaje bíblico. En este estudio el maestro no está buscando las "aplicaciones" de la lección; está buscando solamente la esencia del significado del pasaje. A lo largo de este estudio querrá buscar información sobre lugares y palabras desconocidos. Una vez hecho esto, el maestro leerá la exposición de su lección en su manual para maestros para ver el énfasis que se ha dado al pasaje en esta lección. Durante este tiempo se usarán también otras ayudas para la lección.

Considerando a los alumnos.— Después de haber procurado dominar el significado esencial del pasaje de las Escrituras, el maestro querrá echar una mirada a los miembros de su clase, porque es necesario que él adapte cada una de sus lecciones a su clase en particular. Esto quiere decir que es absolutamente esencial que conozca a sus alumnos. No será suficiente que él sepa simplemente su nombre, dirección y fecha de cumpleaños. Esto quiere decir también que deben tenerse clases pequeñas, porque los maestros no enseñan al grupo como un todo, sino que enseñan a individuos. ¿Cuáles son las necesidades de estos alumnos que son confrontadas por esta lección? En base al estudio que el maestro ha hecho del pasaje bíblico, y en base a sus apreciaciones de las necesidades de sus alumnos, ya está en condiciones de determinar su meta para la lección.

Bosquejo del Plan de la Lección

A menudo los maestros preguntan: "¿Hay un plan o bosquejo que me dé orientación al preparar mi lección?" En verdad hay casi tantas diferentes maneras de planear la lección como maestros hay. Los planes de la lección varían según los énfasis. Un plan enfatizará el contenido y organización del material; otro enfatizará las necesidades de los alumnos y aun otro podrá enfatizar el uso de materiales auxiliares y métodos. Los planes de la lección varían también según la edad de los alumnos de los diferentes grupos. A los niños pequeñitos se les enseñará por medio de centros de interés. Los niños mayores quizá tengan un "tiempo previo" o una reunión preliminar antes de la clase. Los planes de la lección varían también según el propósito. Si el maestro tiene una meta para una "respuesta en acciones", él usará un plan; para una meta de "adquisición de conocimientos" probablemente usará un plan distinto.[1] Sin embargo, es necesario insistir enfáticamente que es esencial que el maestro siga algún plan en la preparación de la lección, sea el sugerido aquí o

---

[1] El plan de la lección sugerido aquí, es para ser usado con una meta de respuesta en acciones. En el capítulo cuatro se sugiere el plan aplicable a lecciones que tengan una meta de adquisición de conocimientos.

cualquier otro de su elección. Las cinco divisiones del plan de la lección son:

Seleccionar una meta.— El maestro deberá planificar sus metas en base a tres objetivos; adquisición de conocimientos, inspiración o respuesta en acciones, según los resultados que quiera obtener. La meta debe ser claramente establecida y suficientemente específica para tener la posibilidad de lograr su objetivo. Esto incluirá también las metas del trimestre, de la unidad y de la lección.

Desarrollo de la lección.— Al desarrollar la lección el maestro tratará de guiar a la clase hacia una comprensión del significado de las Escrituras, y a entender y aceptar el ideal cristiano que se está estudiando. Necesitará considerar cuál será la manera más eficaz de ordenar el contenido de la lección que va a enseñar; los métodos que va a usar y qué materiales (tales como cuadros o mapas) va a necesitar.

Hacer que la lección sea personal.— El maestro deberá guiar a sus alumnos a ver y encarar francamente de qué manera está relacionado el ideal espiritual que se está considerando, con la vida personal de cada uno. Hacer esto de la manera más significativa es el propósito de esta parte del plan de la lección.

Asegurar la aplicación.— ¿Cómo puede evitar el maestro que la lección termine solo en "palabras"? El deberá conducir a la clase a considerar no solo lo que ellos *debieran* hacer, sino también lo que ellos realmente *van* a hacer.

Los maestros debieran tener una hoja con el plan de la lección que los guíe en la preparación de la misma. Tendría que ser algo así:

Plan para una Lección con una Meta de Respuesta en Acciones

1. Meta para el trimestre:
   (cuatro espacios)
2. Meta para la unidad:
   (cuatro espacios)
3. Meta para la lección:
   (cuatro espacios)
4. Asegurar un estudio de la Biblia que tenga propósito:
   (1) Para obtener interés:
       (cuatro espacios)
   (2) Transición:
       (tres espacios)
   (3) Lo que se va a buscar mientras se lee la Biblia:
       (cuatro espacios)
5. Desarrollo de la lección:
   (catorce espacios)
6. Hacer que la lección sea personal:
   (diez espacios)
7. Asegurar la aplicación:
   (el resto de la página)

Este o un plan similar debiera mimeografiarse en un papel de

22 cms. por 28 cms., para que lo usen los maestros el día miércoles por la noche durante el tiempo de preparación de su lección. Mientras estudian la lección juntos, anotarán en él los puntos, ilustraciones y preguntas que proyectan usar al enseñar su lección. Al terminar el período de estudio cada maestro debiera tener por lo menos un bosquejo general de la lección que va a enseñar el domingo.

Seleccionando Metas

Pasamos ahora (en el resto de este capítulo y el próximo) a una breve consideración de cada uno de los pasos de este plan.[2] Una de las debilidades más serias en la enseñanza moderna de la escuela dominical es el área de las metas. Muy a menudo se aprende muy poco o son muy pobres los resultados que se sacan de las lecciones de la escuela dominical, porque el maestro no está seguro de lo que quiere que su clase aprenda o de lo que quiere que acontezca. En otras palabras, no tiene en mente de manera clara la meta de la lección. Una de las partes más difíciles de todo el plan de la lección es escoger la meta de esta. Muchos maestros no quieren reconocer esto. Frecuentemente no consideran bastante la selección de sus metas, ni entienden cómo deben seleccionarse y establecerse; como consecuencia de esto, a su enseñanza le falta la efectividad que debiera tener. Al seleccionar una meta el maestro debe empezar por el pasaje de las Escrituras. La meta de la lección debiera provenir del significado del pasaje bíblico, además de estar también relacionada a las necesidades de los alumnos. Solamente el maestro conoce las necesidades específicas de su clase en particular; por esta razón las personas que preparan las lecciones que se imprimen en expositores o manuales, difícilmente pueden determinar cuáles deben ser las metas de los maestros. Ellos podrán establecer metas en términos solamente generales, ya que están escribiendo para miles de clases. Por tanto, es casi siempre necesario que el maestro adapte cualquier meta sugerida y que la haga más específica de acuerdo a las necesidades de su clase.

¿Cuáles son las cualidades de una buena meta? Se pueden mencionar por lo menos tres. Primero: debe ser bastante breve como para ser recordada. La meta es lo que el maestro quiere que los alumnos aprendan o pongan en práctica como resultado del estudio de la lección. Si la meta es tan extensa que el maestro no puede recordarla, ¿cómo puede esperar que sus alumnos la recuerden? Segundo: la meta debe ser bastante clara como para poder escribirla. Con frecuencia los maestros tienen sólo una vaga y confusa idea del propósito de la lección. Si se les pidiera que expresaran en palabras

---

[2] Los maestros pueden ocupar uno o más miércoles en la noche para estudiar y llegar a dominar cada uno de estos pasos. Es decir, una o más noches se podrá estudiar sobre: "Seleccionando metas"; una o más noches se podrá estudiar: "Cómo asegurar un estudio de la Biblia que tenga propósito". En verdad, el estudio del material que se presenta en este capítulo y en el próximo podría abarcarse en diez semanas o más.

este propósito, encontrarían difícil de hacerlo si no imposible. Tercero: la meta debe ser bastante específica como para ser realizable. Casi por regla general las metas que seleccionan los maestros son demasiado amplias y generales. El maestro debe recordar que probablemente no tendrá más de treinta minutos para enseñar su lección; por tanto, debiera ser más modesto en lo que pretende realizar en una lección dada y seleccionar un propósito que sea bastante específico. Debe ser suficientemente reducido para tener por lo menos la posibilidad de llevarlo a cabo dentro de los límites del tiempo de una determinada lección. Diremos más acerca de esto, al considerar las metas de la lección.

Metas Trimestrales

El maestro necesita ver las lecciones del trimestre como un todo. Por trece semanas tendrá la oportunidad de guiar el pensamiento de su clase. ¿Qué quiere lograr en esas trece semanas? Si su meta no es bastante clara, su enseñanza por lo general será igualmente vaga. ¿Cómo puede el maestro cumplir su objetivo si no sabe clara y específicamente cuál es este objetivo? Muchas veces el maestro llega al final del trimestre con muy poco o ningún sentido de realización. No es de extrañar que el enseñar le resulte aburrido y penoso. ¡No tiene un verdadero entusiasmo de realización! Al final del trimestre se pregunta a sí mismo: "específicamente, ¿qué he logrado en la vida de mis alumnos a través de las lecciones del trimestre?" Y tiene que contentarse con la vaga esperanza de haber hecho algo que valga la pena.

¿Por qué es esto verdad? Puede ser porque el maestro ha enseñado cada lección como una unidad aislada, completamente desvinculada de la lección que enseñó el domingo anterior y de la que enseñará el domingo siguiente. En cambio, si antes de empezar el trimestre el maestro ha delineado una clara y definida meta para él mismo, y luego, por trece semanas, enseña domingo tras domingo, con cada lección planeada para alcanzar tal propósito tendrá una oportunidad mucho mayor de realizar su principal objetivo. De esta manera cada lección se va desarrollando sobre la base de la lección anterior y va apuntando hacia la meta que el maestro ha escogido para el trimestre. Claro está que la meta del trimestre tendrá que haber sido preparada antes que el período comience; quizá cuando los maestros son dirigidos en el estudio previo de las lecciones para el trimestre.

Algunos maestros relacionarán cada lección con la lección anterior por medio de un breve repaso de la lección del domingo pasado. Esta no es la única manera, ni necesariamente la mejor para relacionar las lecciones anteriores a la presente. Algunas veces puede ser que no se llegue a este repaso sino hasta la mitad de la lección que se está enseñando. Cuando surge algún problema el maestro puede estimular a la clase a que recuerde la lección anterior o alguna otra que ayude a resolver el problema que se ha presentado en ese momento. Esto hace que el repaso de la lección anterior venga a ser una parte vital y significativa de la presente lección y no meramente un recurso mecanizado que se usa para empezar cada lección.

A continuación presentamos un modelo de una meta para trimestre, aplicable a una clase de adultos: "Mi meta este trimestre ha de ser guiar a mis alumnos a encontrar un nuevo medio para expresar su fe cristiana (1) en su vida hogareña, (2) en sus negocios, (3) en su vida social." Aquí el maestro tiene tres objetivos específicos (llegan a ser aun más específicos cuando consideramos metas de unidad) que se propone lograr. De este modo será capaz de hacer que cada lección contribuya a la realización de uno de estos propósitos. Si el maestro tiene un plan semejante al empezar el trimestre, tiene mayores posibilidades de alcanzar éxito al fin del trimestre.

Metas de Unidad

Una meta de unidad es la que tiene el maestro para un grupo de dos o más lecciones que, por supuesto, se relacionan. Cuando está estudiando las lecciones para el trimestre, encontrará que cierto grupo de lecciones pueden ser usadas para alcanzar el mismo objetivo. Esto viene a ser la meta de unidad. Usando la meta del trimestre planeada anteriormente: "para guiar a mis alumnos a encontrar un nuevo medio para expresar su fe cristiana (1) en su vida hogareña, (2) en sus negocios, (3) en su vida social", el maestro tendrá tres metas de unidad. La meta para la primera unidad relacionada con la vida hogareña podrá ser: "Para guiar a mis alumnos a empezar un culto familiar." La meta para la segunda unidad relacionada con los negocios podrá ser: "Para guiar a mis alumnos a testificar de Cristo en sus relaciones comerciales, usando un plan que tenga la idea de 'testimonio sobre el escritorio' "; la meta para la tercera unidad relacionada con la vida social, podrá ser: "Para guiar a mis alumnos a prestar ayuda a alguna persona menos privilegiada en la comunidad", o "Para ayudar a mis alumnos a empezar una acción positiva contra alguna inmoralidad de la comunidad."

El maestro planifica y enseña cada lección para conseguir el objetivo de esta unidad. Con metas específicas, tales como éstas, en mente, el maestro puede al fin de cada unidad y al fin de cada trimestre, ver en la vida de sus alumnos y con mayor exactitud decir hasta qué punto ha tenido éxito en la realización de sus propósitos. De este modo, metas específicas tanto para el trimestre como para unidades, dan al maestro la base para evaluar la efectividad de su enseñanza.

Un segundo valor que tiene la enseñanza por medio de metas de unidad que hayan sido claramente definidas, es que esto da al maestro la oportunidad de usar la repetición en su enseñanza. La repetición es un principio básico en el proceso de enseñar y aprender.

La madre no espera que el niño diga gracias simplemente porque ella le ha dicho una vez que lo diga. La mayoría de las cosas más importantes de la vida se aprenden a través de impactos repetidos. Los maestros deben darse cuenta que las mayores verdades espirituales difícilmente se aprenden en una sola lección. Pero formando una unidad con una serie de lecciones relacionadas con una verdad espiritual, el maestro tiene la oportunidad de presentar a la clase una repetida enseñanza tocante a esta verdad —su significado, su mensaje, su expresión. Cada lección tendrá un énfasis diferente, un medio diferente de comunicación, pero la verdad espiritual que se va a estudiar será la misma. El maestro tendrá mayor posibilidad de conseguir resultados tanto en aprendizaje, como en testimonio, si sigue la unidad planeada.

Metas para la Lección

Por regla general el maestro tiene tres objetivos en mente cuando enseña. Procura: (1) enseñar mayores conocimientos, (2) inspirar a su clase, y (3) obtener una respuesta en acciones. Algunos maestros intentan alcanzar estos tres objetivos en una sola lección. Esta es una de las mayores razones de por qué la enseñanza en la escuela dominical no es más efectiva de lo que es actualmente. Si el maestro quiere obtener mejores resultados ya sea en la cantidad de conocimientos bíblicos aprendidos, en profundizar actitudes, o en testimonio cristiano, debe escoger uno de estos tres objetivos; y sólo uno *para determinada lección*, persistiendo sólo en ese uno con todo su corazón.

Si un maestro desea que su clase adquiera más conocimientos bíblicos, (y frente a la lamentable ignorancia de la Biblia que existe hoy, esto es sumamente necesario), hay lecciones para las que debiera tener una meta de mayor adquisición de conocimientos y esforzarse sólo por guiar a su clase a entender y dominar estos conocimientos. Si quiere profundizar la consagración de sus alumnos en determinada actitud cristiana, debiera tener una meta inspiracional y persistir en ésta solamente. Si quiere guiar a sus alumnos a expresar en la vida de ellos alguna acción cristiana, debiera tener una meta de respuesta en acciones y mantener ésta solamente. Cuando el maestro trata de obtener estos tres objetivos todos a la vez en la misma lección, generalmente no consigue resultados adecuados en ninguno de los tres.

Mucha gente ha estado asistiendo a la escuela dominical por cinco, diez o más años; sin embargo, tienen muy poco conocimiento real y sistemático de la Biblia. Algunas personas que han estado participando de la escuela dominical por años, todavía son incapaces de expresar en acciones los grandes ideales cristianos que han estado estudiando. Eso no quiere decir que no hayan disfrutado de las lecciones; tampoco quiere decir que no estén de acuerdo con la lección. Quiere decir simplemente que no han expresado adecuadamente el evangelio de Cristo en su vida.

Tal vez nos ayude a ver más claramente la diferencia que existe entre estos tres tipos de metas, si las definimos y damos un ejemplo de cada una. Una lección con una meta de adquisición de conocimientos,[3] es aquella en la cual el maestro procura dirigir a su clase en un serio y sistemático estudio de una significativa porción bíblica, encaminado a dominar este conocimiento. Un ejemplo sería: "Para guiar a mis alumnos a conocer profundamente los eventos que condujeron a la caída de Jerusalén"; o "Para dirigir a mis alumnos hacia un dominio del mensaje esencial del libro de Amós".

Una lección con una meta inspiracional es aquella en la que el maestro procura guiar a su clase a profundizar su apreciación de alguna verdad cristiana, o guiarles a aceptar o renovar algún ideal o actitud cristianos. Un ejemplo pudiera ser: "para guiar a mi clase a una profunda apreciación de la Biblia como la Palabra de Dios", o "guiar a mi clase a profundizar su fe a través de un estudio de la resurrección de Jesucristo". Una lección con una meta de respuesta en acciones es aquella en la cual el maestro procura guiar a la clase a expresar de una manera específica alguna acción cristiana en su vida diaria. Un ejemplo sería:"para guiar a mi clase a responder como 'pacificadores', cuando alguien cometa alguna injusticia con ellos", o "para guiar a mi clase a participar en el programa semanal de visitación de la iglesia".

Es verdad que estas metas no están aisladas entre sí, pero cada una es distinta. Por ejemplo, si el maestro tiene una meta de adquisición de conocimientos para determinada lección, sus alumnos deberán ser inspirados a través del estudio, aunque su meta no sea inspiracional; su verdadero propósito es guiar a los alumnos a un dominio del material estudiado. Si por el contrario tiene una meta inspiracional puede ser que la clase adquiera algún conocimiento y tenga alguna respuesta en acciones. Si es así eso es adicional. Su propósito real es profundizar alguna actitud general. Si tiene, en cambio, una meta de respuesta en acciones, es verdad que tendrá que usar algunos conocimientos, ya que estas respuestas deben estar siempre edificadas sobre conocimientos cristianos; sin embargo, es necesario tener bien en cuenta dos cosas aquí: Primero, los conocimientos usados no serán en manera alguna un estudio sistemático de una porción específica de las Escrituras; más bien el conocimiento escogido será aquel que encamine hacia la respuesta deseada. Este conocimiento puede provenir de varias partes de la Biblia. En segundo lugar, con una meta de respuesta en acciones el maestro no procura guiar a la clase a un dominio de conocimientos. El propósito es la deseada respuesta en acciones. El conocimiento es el medio y no la finalidad. Con una meta de respuesta en acciones la cla-

---

[3] En el capítulo cuatro se considerará más ampliamente la meta de adquisición de conocimientos.

se podrá ser también inspirada; pero el propósito no será alcanzado hasta que no haya un evidente resultado como producto de la respuesta de los alumnos. Es muy importante que los maestros aprendan a identificar estos tres tipos de metas. Los tres son valiosos, y el maestro debiera usar cada uno de éstos — pero no en la misma lección. La idea es que cuando un maestro decide qué tipo de lección quiere para determinado domingo (adquisición de conocimientos, inspiracional, o respuesta en acciones), debe estar seguro que su planteamiento de la meta coincide con el tipo de lección que quiere. Esto quiere decir que no debe confundir una lección para respuesta en acciones, teniendo una meta inspiracional. A continuación se dan algunas preguntas que ayudarán al maestro a identificar los diferentes tipos de metas.

1. ¿Es mi propósito principal enseñar hechos? — ¿Es mi propósito principal dar información? — ¿Es mi propósito principal guiar a mi clase hacia un dominio del significado del pasaje bíblico? Entonces escogeré una meta de adquisición de conocimientos.

2. ¿Es mi propósito principal profundizar la apreciación de mis alumnos en determinada área? — ¿Es mi propósito principal enseñar alguna actitud general? Entonces necesitará una meta inspiracional.

3. ¿Es mi propósito principal obtener una respuesta definida que sea evidente en la vida de los alumnos? — ¿Cuál es esa respuesta? — ¿Cómo puede ser expresada? Entonces escogeré una meta de respuesta en acciones.

Como ya hemos dicho, una de las mayores debilidades en la enseñanza de la escuela dominical, es que las metas de los maestros han sido demasiado generales. Se ha puntualizado también que una de las cualidades de una buena meta, es que ha de ser bastante específica como para ser realizada. La pregunta que surge ahora es: ¿cuán específica debe ser una determinada meta?

Una meta de adquisición de conocimientos se especifica en el conocimiento que el maestro quiere que su clase llegue a dominar. Una meta inspiracional puede ser más general puesto que tiene que ver con un ideal o actitud general. Pero, ¿cuán específica debe ser una meta de respuesta en accciones? Una meta de este tipo debe establecerse en base a una evidente respuesta observable. Hay dos preguntas que el maestro debe siempre formularse cuando tiene una meta de respuesta en acciones en mente: (1) ¿Qué quiero que hagan mis alumnos? (2) ¿Cómo pueden dar expresión a la respuesta que quiero que ellos den?

En una lección para respuesta en acciones el maestro necesita tocar una área en la vida de sus alumnos en la cual ellos no están expresando algún ideal cristiano, que, sin embargo, aceptan. Entonces él expone esta área específica de tal manera que se haga conciencia de ella durante la clase, de modo que los alumnos no puedan pasarla por alto. Se considera lo que la Biblia dice al respecto para dar luz al asunto que les ocupa. Los alumnos comparten sus ideas, sus dificultades y sus experiencias. El maestro expone todos los puntos de vista que tiene del mismo asunto. Dentro de este ambiente de francas consideraciones, el Espíritu Santo tiene la oportunidad de convencer del hecho del pecado. Si la convicción es bastante profunda, habrá cambios en la vida de los alumnos al dar ellos una respuesta en acciones.

Es cierto que las necesidades de los alumnos pueden diferir; por tanto, quiere decir que el maestro tendrá una meta diferente para cada alumno; pero esto tendrá que ser también específico. Cada alumno puede aceptar un blanco o meta en su aprendizaje, que escoge para sí mismo, a través del cual se esfuerza por expresar un ideal cristiano.

Permítasenos insistir otra vez que elegir una meta es una de las partes más difíciles y más importantes de la lección que el maestro tiene que planear. Si sus ideas son vagas y confusas, su enseñanza será igualmente vaga y confusa y sus resultados limitados.

Guía para Preparar la Lección

Es aquí donde el superintendente de departamento tiene que guiar a sus maestros en el estudio y preparación de la lección del domingo siguiente. Presentamos a continuación una serie de preguntas que le servirán de guía al superintendente:

1. ¿Tienen los maestros una hora (u horas) fija para la preparación de su lección? Necesitan tomar una determinación con respecto al asunto?

2. ¿Cuándo empiezan a preparar la lección para el domingo siguiente? Es absolutamente necesario que ellos empiecen a preparar su lección antes de ir a la reunión del miércoles en la noche.

3. ¿Tienen un lugar determinado donde preparan su lección? ¿Sería esto una ayuda?

4. ¿Con qué material auxiliar cuentan para preparar sus lecciones? ¿Necesitan otros materiales? Tal vez un comentario, un diccionario bíblico, un atlas de la Biblia, u otras ayudas.

5. ¿Cómo se desenvuelven en la preparación de la lección? ¿Qué hacen primero y qué después?

6. ¿Cuál es el plan que usan para la lección? ¿Es útil el plan sugerido en este capítulo? ¿Necesita ser modificado? ¿Debiera ser mimeografiado para que los maestros lo utilicen cada miércoles en la noche?

Cuando los maestros preparan la lección deben considerarse otros asuntos específicos. Al acercarse el final de un trimestre deberán estudiarse las "metas trimestrales" y las "metas de unidad", de modo que los maestros puedan preparar sus metas trimestrales y de unidad para las lecciones del próximo trimestre. Este estudio en particular tendrá que llevarse a cabo en otro tiempo que no sea el del miércoles en la noche — quizá cuando el maestro está haciendo

un estudio previo de las lecciones del próximo trimestre.
7. ¿Cuál es la meta para las lecciones del próximo trimestre?
Cada maestro debe preparar su propia meta y escribirla.
(1) ¿Es bastante breve como para recordarla?
(2) ¿Es bastante clara como para escribirla?
(3) ¿Es bastante específica como para realizarla?
8. ¿Cuáles son las metas de unidad para las lecciones del próximo trimestre? Nuevamente cada maestro debe evaluar las metas de unidad que ha anotado.
(1) ¿Son bastante breves como para recordarlas?
(2) ¿Son bastante claras como para escribirlas?
(3) ¿Son bastante específicas como para realizarlas?
9. ¿Cuál es la meta que el maestro ha planeado usar en la lección del próximo domingo?
(1) ¿Es una meta de adquisición de conocimientos? ¿Es el propósito principal del maestro guiar a su clase hacia el dominio de ciertos conocimientos?
(2) ¿Es una meta inspiracional? ¿Es el propósito primordial del maestro fortalecer alguna actitud o ideal cristiano?
(3) ¿Es una meta de respuesta en acciones? ¿Es el propósito primordial del maestro guiar a su clase a dar una específica respuesta en obras?
(4) ¿Es bastante breve como para recordarla?
(5) ¿Es bastante clara como para escribirla?
(6) ¿Es bastante específica como para llevarla a cabo?
Si el maestro tiene en mente una meta de respuesta en acciones, hay dos preguntas más que debe considerar:
(7) ¿Qué quiere que su clase haga?
(8) ¿Cómo pueden los alumnos expresar su decisión?
Después que cada maestro ha seleccionado y evaluado su meta, el grupo deberá ser dirigido en la preparación de lo que queda de la lección que enseñará el domingo próximo.

3.- Enseñando Para Conseguir una Respuesta en Acciones

En el capítulo anterior hemos considerado el primer paso en la preparación de una lección — escogiendo la meta. Pasamos ahora a considerar los otros cuatro pasos en el planeamiento de una lección cuando la meta del maestro es respuesta en acciones.

Asegurando un Estudio Bíblico con Propósito

Después que el maestro ha escogido su meta, está listo para planear cómo lograr un estudio de la Biblia que tenga un propósito determinado. Esta parte del plan de la lección generalmente se conoce como la introducción; esta sección no tiene que ver con las maneras en que la Biblia puede o debe ser usada en el desarrollo de la lección. El planteamiento es cómo puede el maestro, a través de una bien planeada introducción, guiar a su clase a un significativo estudio de un pasaje de las Escrituras en la primera vez que se lee el pasaje en la clase. Es claro que habrá ocasiones cuando no se use la Biblia, sino hasta la mitad de la lección. Habrá otras oportunidades cuando el maestro quiera usar sólo una parte del pasaje de las Escrituras al principio de la lección y otras partes luego durante la lección. Pero cuando sea y como sea que la porción de las Escrituras que corresponden a la lección se use, debe ser usada con propósito y sentido para los alumnos. Muy a menudo no sucede así. Muchos maestros han caído en una rutina que siguen domingo a domingo. Los alumnos entran a la sala de clases, se llenan los registros correspondientes, tienen una breve oración y alguien lee el pasaje de la lección. Todo esto se hace antes que el maestro comience a enseñar; y la lectura del pasaje de las Escrituras, ya sea leído por el maestro o por uno o más de los alumnos, a menudo tiene muy poco significado para ellos. Esa es una manera muy pobre de usar la Biblia. La culpa de esto y la responsabilidad de efectuar un cambio están en manos del maestro. He aquí una regla que el maestro debe tener en cuenta: *No tener la lectura bíblica como la primera actividad en el período de clases.* La Biblia debe ser leída sólo después que la clase esté lista para leerla. ¿Qué quiere decir esto para el maestro y cómo va a ayudar a sus alumnos a estar listos para leer la Biblia?

Preparando la clase.— Antes que se lea la Biblia, la tarea del maestro es estimular en sus alumnos el *deseo* de leerla y darles algunos *propósitos* para leerla. Esto es en contraste de lo que sucede con algunas clases donde se lee la Biblia descuidadamente y sin ningún propósito. Quiere decir también que la introducción debe ser planeada cuidadosamente por el maestro. Por medio de preguntas, exposiciones, ilustraciones o consideraciones bien escogidas, el maestro tratará de estimular el interés de los alumnos en el asunto que va a ser considerado. El maestro procurará despertar la curiosidad e interés de sus alumnos de tal modo que en ellos se produzca esta actitud: "Abramos la Biblia y veamos lo que dice." ¿Cómo se puede lograr esto?

Si el maestro quiere conseguir la atención de la clase y profundizarla hasta convertirla en interés, tiene que empezar con algo que se ajuste a los intereses normales de sus alumnos. Esto no es muy difícil de conseguir si se toma en cuenta que la gente de todas las edades está interesada en muchas cosas. Sin embargo, esto requiere un planeamiento cuidadoso de parte del maestro. Lo primero que él diga en la clase será una de las cosas más importantes que haya dicho durante todo el período. Casi no hay razón que el maestro siga enseñando el resto de la lección a menos que haya despertado primero el interés de los alumnos y los lleve a tener el deseo de emprender el viaje espiritual que se ha planeado para esa clase. Cuando el maestro prepara su lección, debe planear definida y específicamente lo primero que dirá a su clase.

Si el maestro de intermedios varones empieza una lección diciendo: "Hoy vamos a estudiar sobre un profeta llamado Miqueas", probablemente los muchachos no sentirán un profundo sentimiento de excitación y santa expectación. ¿No tendría él una oportunidad mucho mayor de asegurar la atención de sus alumnos si comenzara diciendo: "¿Por qué la gente dice mentiras?" Indudablemente algunos de los alumnos dirán que para salir de dificultades o para escapar del castigo; el maestro puede seguir este diálogo con otra pregunta: "¿Es correcto que una persona diga una mentira para escapar del castigo?" Después de breves comentarios de parte de los alumnos el maestro podrá decir: "La persona de quien vamos a estudiar hoy, tuvo que enfrentarse a ese problema. Abramos nuestras Biblias y veamos lo que él hizo." Usualmente es mejor que el maestro guíe a sus alumnos a dar respuestas verbales cuando él procura estimular su deseo de leer la Biblia. Habrá oportunidades en que use ilustraciones u otros medios para asegurar el interés de su clase cuando los alumnos no responden. Pero por regla general, cuanto más participación activa tenga la clase en forma verbal, tanto más profundo será su interés en lo que se está tratando.

La introducción que use el maestro para estimular el interés de la clase en la lectura de las Sagradas Escrituras, no solamente tendrá que estar de acuerdo con el interés de los alumnos sino que también tendrá que tener una clara relación de la lección. El propósito de la introducción es encaminar a la clase a entregarse a una lectura comprensiva de la Biblia y a un significativo intercambio de ideas. El maestro puede lograr la atención de los alumnos de muchas maneras. Puede hablarles de la reunión social que el grupo tuvo el viernes por la noche, o hablar de política, o de la situación mundial. Esto puede lograr la atención e interés de la clase, pero bien puede no estar relacionado con la meta de la lección.

En la introducción debe haber también una transición que encamine naturalmente de aquello que el maestro usa para asegurar la atención de su clase hacia la lectura de la Biblia. Es necesario dar un énfasis especial en la importancia de este punto. Sin una buena transición la clase puede continuar en una inútil conversación. Si el maestro planea despertar el interés de la clase hablando sobre el partido de baloncesto que se jugó el viernes por la noche, a menos que haya planeado también una transición que encamine naturalmente de esta charla a la lectura bíblica, la clase continuará hablando sobre el partido. En el primer ejemplo dado anteriormente, el planteamiento: "La persona de quien vamos a estudiar esta mañana, tuvo que enfrentar este problema", es la transición.

Por tanto, hay tres puntos que el maestro necesita observar mientras procura "preparar la clase" para la lectura de las Sagradas Escrituras. Su introducción: (1) debe estar de acuerdo con el interés de la clase; (2) debe tener relación con el desarrollo de la lección; (3) debe tener una transición que encamine naturalmente a la lectura de las Sagradas Escrituras.

Algo que buscar.— Sin embargo, la clase todavía no está lista para leer la Biblia. Después que el maestro ha estimulado el interés de la clase y *antes* que se lea la Biblia, debe pedir a los alumnos que busquen algo específico en el pasaje mientras se lo lee. Esto concentra la atención de la clase en los puntos que el maestro considera que son importantes para la lección. Si la primera parte de la introducción tiene por finalidad dar un propósito al estudio de la Biblia, esta segunda parte es para dar dirección a este estudio. Si no se le ha dado un propósito a la lectura bíblica y si esta lectura no es dirigida mientras se la lee, la mente de los alumnos tenderá a vagar. Si, por el contrario, el maestro dirige la mente de los alumnos instándoles a buscar algo específico, la lectura de la Biblia será mucho más significativa. La clase estará procurando encontrar respuestas y no escuchando simplemente.

El maestro debe tener variedad al dirigir la lectura del pasaje bíblico. Ciertamente no debe hacerlo del mismo modo cada domingo. Algunas veces podrá usar preguntas; otras, podrá pedir a los alumnos que busquen el versículo clave en el pasaje o que tomen nota del énfasis dado a cierto asunto en las Escrituras. El maestro planeará variedad de acuerdo con lo que quiera que su clase tenga en cuenta. Lo importante es tener seguridad de que la clase entienda claramente qué es lo que van a buscar cuando están leyendo la Biblia. Las preguntas deben estar también preparadas de acuerdo a la edad del grupo que se enseña. Por una parte no deben ser tan simples que ofendan la capacidad de los alumnos; por otra, no deben ser tan difíciles que la clase no pueda responder.

La lectura del pasaje bíblico.— Después que la clase ha sido preparada para la lectura de las Sagradas Escrituras, esto es, después que los alumnos han sido inducidos en el deseo de leer la Biblia, una vez que se les ha dado un propósito para leerla y que se les ha dicho qué es lo que deben buscar, es entonces cuando debe leerse el pasaje bíblico y no antes. A menudo surge la pregunta de si debe el maestro leer este pasaje o si debe pedir a un alumno que lo lea. En este caso, nuevamente debe haber variedad. Habrá veces cuando el maestro deba leerlo; otras podrá ser leído por un alumno. Lo importante es esto: quienquiera que lea la Biblia, ésta debe ser leída con entendimiento y sentido. Muchos pasajes de las Escrituras son difíciles de leer. Muy a menudo se lee la Biblia pobremente, de manera vacilante, aparentemente sin entender su significado. Por tanto, si va a ser un alumno el que lea, será necesario advertirle de antemano de modo que esté preparado para leer bien. Con grupos más jóvenes el maestro aun debe repasar las Escrituras con el alumno. Es necesario que el pasaje sea leído con el énfasis correspondiente y con un entendimiento de su significado.

Respuestas a las preguntas.— No debe pedirse a los alumnos que tomen nota de algo o que busquen algo y luego no volver a mencionar más el asunto en cuestión. Si las preguntas han sido cuidadosamente seleccionadas, la consideración de las respuestas deberá guiar naturalmente al desarrollo de la lección.

Unas pocas sugerencias de carácter general serán de gran ayuda para el maestro en su tarea de procurar presentar la lección de tal manera que se asegure un estudio de la Biblia lleno de propósito. En primer lugar, debe tener variedad en los medios que utiliza. En segundo lugar, ha de procurar que su introducción sea lo más estimulante posible. En tercer lugar, la tarea del maestro no es dar a los alumnos en la introducción el contenido del pasaje, más bien su tarea es encaminarlos a querer saber lo que dice el pasaje. En cuarto lugar, debe evitar una introducción larga, complicada o compleja. Finalmente, en la preparación de su lección el maestro deberá planear su introducción casi palabra por palabra. Es decir, planear exactamente lo primero que va a decir cuando empiece su lección el domingo. Deberá también prever la posible reacción que se produzca en sus alumnos.

Desarrollando la Lección

El desarrollo de la lección es la parte que a veces se menciona también como el cuerpo de la lección. En términos de tiempo ocupa la mayor parte del período de la clase; esto nos indica algo de su importancia.

Propósito del desarrollo.— ¿Qué es lo que el maestro procura hacer en el desarrollo de la lección? Primero, procura encaminar a la clase hacia la comprensión del significado del pasaje de las Sagradas Escrituras, que se está considerando. ¿Qué nos está diciendo Dios a través del pasaje? El tiempo que el maestro dedique a la comprensión del significado, dependerá de la meta que tenga en mente para la lección.

En segundo lugar, el maestro procurará dirigir a la clase a entender más claramente el principio cristiano general sobre el cual está basada su meta. Si su meta es conseguir algún resultado específico basado en el principio: "Ama a tu prójimo como a ti mismo", entonces el significado de este principio debe ser expuesto claramente. Si su meta está basada sobre el ideal cristiano de mayordomía, perdón o el ideal cristiano de las relaciones humanas, es necesario que la clase entienda lo que se quiere decir y lo que involucra este ideal.

En tercer lugar, procurará dirigir a la clase a una aceptación más profunda y a una mayor entrega a este ideal cristiano. Si el maestro está procurando conseguir algún resultado en la vida de sus alumnos, este resultado debe surgir de la entrega de ellos a este ideal. Si el resultado que el maestro está buscando exige un cambio en la vida de los alumnos, a menudo ellos no cambiarán a menos que su entrega sea profunda. Hay muchos cristianos que saben bien que deben hacer ciertas cosas, pero su entrega en estas áreas no es bastante profunda como para producir en ellos un cambio.

La porción bíblica a usarse.— El maestro deberá reconocer inmediatamente que para asegurar un cambio de vida no es suficiente una simple o fácil promesa. La porción bíblica que se usará en el desarrollo de la lección deberá estar de acuerdo con el propósito. Usualmente surge la pregunta de ¿cuál es la porción bíblica que debe usarse? La respuesta obvia es la porción que se da en el pasaje que se ha escogido de las Sagradas Escrituras. Pero, ¿qué parte de esta porción debe usarse y qué parte debe desecharse? ¿Qué cosa debe ser enfatizada y qué cosa no? Para contestar estas preguntas el maestro debe recordar que va a enseñar toda su lección con el solo propósito de alcanzar esta meta. Por tanto, el desarrollo de la lección debe contribuir a alcanzar esa meta. La meta de la lección determina lo que debe incluirse en la consideración y lo que debe omitirse. Lo que el maestro desecha en su desarrollo es a menudo tan importante como lo que conserva.

Muchos maestros parecen sentirse obligados a usar todo el material presentado en los manuales o expositores. Si la meta es una meta específica de respuesta en acciones, no es posible usar todo el material. El maestro debe incluir solamente aquello que contribuya a la aceptación de la meta de la lección, y omitir el resto. Esto quiere decir que no podrá exponer todas las verdades contenidas en un determinado pasaje. Es mejor que el maestro procure encaminar a su clase a entender, aceptar y vivir, de acuerdo a una verdad, en vez de exponerles una serie de verdades sin resultados definidos. El maestro debe aprender a ser específico en su enseñanza.

Coordinación del contenido. — El material que el maestro usa en el desarrollo de su lección, la porción o contenido bíblico y los puntos a enfatizarse, deben ser sicológicamente más bien que lógicamente dispuestos.[1] Es decir, deben coordinarse considerando al alumno más bien que a la porción. El maestro deberá disponer el material de modo que contribuya de la manera mejor al logro de la meta de la lección, en vez de tener una exposición lógica del material. Por ejemplo, una lección recientemente publicada en el "Curso Uniforme Internacional", se titulaba "Rut, una extranjera que encontró una buena acogida". El pasaje de las Escrituras, impreso es: Rut 2:8-13 y 4:13-17. El bosquejo sugerido era este:

1. Un bondadoso hombre gentil 2:8-9
2. Una extranjera agradecida 2:10
3. Una actitud generosa 2:11-12
4. Una humilde petición 2:13
5. Una cosecha gloriosa 4:13, 17

Este puede ser un bosquejo excelente y lógico para el contenido bíblico, pero es posible que no sea apropiado para alcanzar la meta que tiene el maestro. Un maestro determinado, que sabe cuál es su meta, puede coordinar el desarrollo de su lección de manera que éste conduzca hacia la realización de esta meta. Algunas veces él querrá usar el último versículo del pasaje en primer lugar. Otras veces querrá enfatizar dos o tres versículos omitiendo los demás. Aun querrá usar uno o dos versículos del pasaje impreso en el manual o expositor, y luego usar otras partes de la Biblia para completar la porción que lleve al logro de su meta. El maestro debe recordar que el contenido bíblico es el medio para alcanzar una finalidad. La meta de la lección es la finalidad que él está procurando. Por tanto, el contenido o porción debe ser ordenado de tal manera que se logre esa meta.

Métodos. — El maestro no sólo debe pensar en la porción que va a usar y los arreglos que deba hacerle sino que también tiene que interesarse el medio o los medios más efectivos de compartir estas ideas y conocimientos con sus alumnos. De ahí que surge el problema del método. Claro está que los métodos de enseñanza deben considerarse también cuando el maestro está preparando las otras partes de la lección. Se mencionan aquí con el objeto de dar un énfasis especial en el asunto. Cuando se escogen los métodos, la meta del maestro ha de ser otra vez el factor determinante. ¿Cómo va a enseñar el maestro para tener las mejores posibilidades de lograr su propósito? Los métodos que el maestro planea usar son tan importantes como la porción de la lección. Es lamentable que el

---

[1] Esto es verdad cuando el maestro tiene una meta de respuesta en acciones para la lección. Cuando tiene una meta de adquisición de conocimientos el énfasis radica en la comprensión y dominio del contenido bíblico, y la disposición será más lógica.

maestro pase mucho tiempo estudiando y preparando el pasaje que se propone enseñar y que luego dé muy poca o ninguna importancia a los métodos más efectivos para la presentación del material estudiado.

En el desarrollo de la lección el maestro debería estimular la activa participación verbal de sus alumnos. Muy a menudo los maestros consideran que su tarea consiste en comunicar a sus alumnos lo que ellos han aprendido de su estudio, o trasmitirles lo que la Biblia dice. Esta ha sido una seria debilidad en muchas clases, particularmente en las de adultos; y en menor grado en clases de jóvenes, intermedios y aun principiantes. Una buena enseñanza radica en compartir ideas y experiencias tanto de parte del maestro como de los alumnos. Por esta razón el maestro debe cuidarse de la tentación de hablar solamente él durante todo el período de la clase. Debiera haber una activa búsqueda del significado del material bíblico y un intercambio de conocimientos y puntos de vista entre maestro y alumnos, y alumnos entre sí. A través de este intercambio, el Espíritu Santo puede tener la oportunidad de iluminar el entendimiento de cada uno en la clase, inclusive del maestro.

Haciendo que la Lección Sea Personal

Después que el maestro ha encaminado a sus alumnos a entender el básico ideal cristiano que se ha considerado, y después que haya buscado con avidez guiarlos a una entrega más profunda a este ideal, deberá procurar que éste se haga más personal de acuerdo a la vida diaria normal de sus alumnos. Los alumnos deberán ser encauzados a considerar cómo esta verdad espiritual afectará o deberá afectar la vida de ellos de una manera especial. En el pasado los maestros tendían a enseñar principios generales, y aunque los alumnos aceptaban estos principios generales, no siempre comprendían cómo se aplicaban a su propia vida en situaciones específicas.

La necesidad de hacer que la enseñanza sea personal se aplica a los jóvenes y adultos, tanto como a los primarios e intermedios. El maestro de una clase de adultos dice: "Necesitamos ser más cristianos en nuestras relaciones comerciales." Los alumnos ya saben esto, pero, ¿qué es lo que necesitan hacer concretamente para ser cristianos en los negocios? Claro que deben ser honestos en sus transacciones y corteses con sus clientes; pero más allá de estas prácticas obvias tienen dificultad de saber qué deben hacer específicamente para ser más cristianos en sus relaciones comerciales. Si el lector no cree que esto sea verdad, le invitamos a tratar de pensar en algunas cosas por sí mismo. Los alumnos necesitan ser encaminados a considerar cómo una verdad espiritual general podría ser aplicada a una situación específica.

¿Cómo se puede hacer esto? Una manera de hacerlo es usar un enfoque de la vida o como se diría en otras palabras: "¿qué harías tú?" Un enfoque de la vida presenta una situación problemática que involucra el principio espiritual que se está estudiando. El maestro expone la situación a la clase y luego pregunta: "¿Qué harían ustedes?" Es una situación específica a la cual es difícil aplicar el ideal cristiano. Para que el enfoque de la vida sea verdaderamente significativo, debe ser sobre todo realista desde el punto de vista de la experiencia de los alumnos. Esto no quiere decir que tenga que ser verdadero. Puede ser (y comúnmente lo es) sólo una situación hipotética, supuesta por el maestro, pero debe estar tan estrechamente relacionada con la experiencia normal de los alumnos que puedan fácilmente sentirse implicados en la situación.

En segundo lugar, el enfoque de la vida ha de estar preparado de tal modo que presente una serie de acciones antagónicas entre sí a la consideración de los alumnos. Esta serie de acciones no debe alejarse de la realidad de los deseos humanos normales de la gente. Dentro de esta serie de acciones se presentará también la acción que sería más cristiana en la situación dada.

En tercer lugar, el enfoque de la vida debe estar de acuerdo con la meta del maestro. Si ésta se basa en el ideal del perdón cristiano, entonces el enfoque de la vida ha de ser uno en el cual esté involucrado el problema del perdón. Si la meta del maestro se basa en el ideal: "Ama a tu prójimo como a ti mismo", entonces el enfoque de la vida ha de ser tal que involucre las relaciones humanas. Por detrás del uso de un enfoque de la vida está la idea de que al considerar los alumnos los problemas de descubrir y seguir la acción cristiana en esta situación específica, ellos puedan ver más claramente cómo el ideal espiritual general se relaciona a la vida de ellos de manera personal.

Usar un enfoque de la vida será sólo una manera más o menos dramatizada de hacer que la lección sea más personal. Hay otras maneras más simples. Tal vez el maestro pregunte: "¿Cuáles son algunas situaciones en las cuales esta verdad espiritual es aplicable a la vida de ustedes?" "¿Cuáles son algunas áreas en las cuales nos falta expresar esta verdad?" En esto como en toda su enseñanza el maestro debe tener variedad para mantener el interés de sus alumnos.

Asegurando la Aplicación

Esta es una de las partes más importantes de la lección. Hasta este punto de la lección, los alumnos han estado considerando qué se *pudiera* hacer, o qué se *debe* hacer. En esta parte ellos son encaminados a decidir qué es en realidad lo que *van a* hacer para expresar el ideal cristiano que han estado considerando. Esta sección constituye la diferencia entre la lección que termina sólo en palabras y la que se traduce en acciones.

El maestro tendrá la aplicación como una parte del plan de su lección sólo si tiene una meta de respuesta en acciones. Es en el punto de la aplicación donde existe la mayor diferencia entre una lección inspiracional y una de respuesta en acciones. La lección inspiracional es aquella que tiene el propósito de profundizar alguna actitud y no pide una respuesta definida en acción. Por ejemplo, la meta inspiracional de: "para guiar a mis alumnos a profundizar su fe a través de un estudio de la resurrección de Jesús", no requiere una aplicación como parte de la lección, porque no se busca una acción específica. Pero la meta de respuesta en acciones: "para guiar a mi clase a comprometerse a dar un testimonio cristiano definido, hablando del evangelio a una persona no salva en esta semana", demandará una aplicación como parte de la lección porque se requiere una acción definida.

Los planes del maestro.— Muy a menudo los maestros no consiguen los resultados deseados de su enseñanza porque concluyen la lección con una exhortación general a la clase tal como: "Hagamos todos esto, y hagámoslo así." La experiencia ha demostrado que este tipo de exhortación a menudo no garantiza la reacción deseada en la vida de los alumnos. Se necesita algo más definido y específico.

La aplicación involucra tres cosas. Primero, implica una decisión de *querer* hacer algo. Segundo, implica una decisión de *qué* hacer. Tercero, implica hacer los planes necesarios para llevar a cabo la acción que los alumnos han escogido.

Estos tres pasos deben ser cuidadosamente planeados por el maestro cuando éste está planeando su lección. Es cierto que estos planes pueden ser cambiados por los alumnos durante la clase. Pudiera ser que ellos decidan cosas que el maestro no ha planeado, pero este planeamiento previo le ayudará a pesar de lo que decidan los alumnos. Deberá pensar cómo puede animar a los alumnos a tomar una decisión de *hacer* realmente algo para expresar en su vida la verdad espiritual que han estado considerando. ¿Cómo puede ayudarles cuando están discutiendo qué actividades realizar? ¿Qué posibles resultados pueden ellos conseguir? El maestro debe tratar de predecir esto de antemano. ¿Qué planes será necesario que hagan los alumnos si escogen cierta acción? Deberá preguntarse cómo puede ayudarles él en esa actividad determinada. El maestro tendrá mayores probabilidades de garantizar una respuesta en la vida de sus alumnos si hace planes como los sugeridos en vez de dejar la cuestión simplemente al azar.

Las sugerencias de los alumnos.— Aunque el maestro tiene que hacer planes cuidadosos para la aplicación, debe dejarse a los alumnos en entera libertad de hacer sus propias sugerencias. La religión es una cuestión profundamente personal; por tanto, al procurar guiar a sus alumnos a expresar esa religión en su vida, hay dos cosas que el maestro debe tener en cuenta. Primero, la aplicación debe ser libremente escogida por el mismo alumno. Es decir que ésta debe ser la libre expresión de su propia decisión, de su propio deseo, y su propia entrega a Cristo Jesús. Esta aplicación no debe ponerse en práctica sólo para complacer al maestro. En segundo lugar y estrechamente relacionado con lo que se dijo antes, la aplicación debe estar basada en una motivación espiritual. Si está basada en cualquier otro tipo de motivación esa aplicación sería meramente farisea en su naturaleza. Durante la clase por lo general los alumnos pueden ser dirigidos de acuerdo a las siguientes etapas: "Me he entregado completamente y sin reservas a Jesucristo como el Señor de mi vida. Este ideal cristiano que estamos considerando es una parte del modo cristiano de vivir. Ahora veo que en esto hay una acción que debo poner en práctica como una expresión de mi entrega a Jesús y a su causa, y que hasta ahora no lo he estado haciendo." Hay dos cosas que el maestro debe evitar siempre cuando está procurando encauzar a sus alumnos a poner en práctica una acción. Primero, nunca debe hacer una presión externa sobre la clase, ya sea como un todo o sobre los alumnos como individuos. Segundo, debe tener cuidado de no crear una situación incómoda para nadie. Y su actitud, su interés, su preocupación y su amor para con los alumnos que no responden a los planes del maestro, deben ser tan grandes como lo son para aquellos que responden. Si alguno de estos sentimientos ha de ser mayor, ha de ser para aquellos que no responden, puesto que serán ésos los que tienen más necesidad de ayuda.

Tipos de aplicación.— La aplicación propuesta por el maestro o la escogida por los alumnos ha de ser tan variada como la vida cristiana misma. Está limitada solamente por las ideas del maestro y las de los alumnos. La crítica que se hace a veces es que la aplicación preparada por la clase es más bien frívola y superficial. Si esto es verdad es sólo porque el maestro y los alumnos no ven la manera más profunda de expresar su fe cristiana. El plan de aplicación debiera ser bastante simple — tal como encauzar a los alumnos a iniciar la lectura de la Biblia todos los días. Todos los planes necesarios para poner en práctica la actividad deseada debieran ser completados rápida y fácilmente en la clase. La actividad escogida podrá ser más compleja y puede necesitar un período de tiempo más largo para llevarla a cabo, tal como intentar eliminar algún mal social de la comunidad. Puede ser tan compleja que todos los planes necesarios para llevarla a cabo no puedan ser completados en la clase; en tal caso se necesitará tener reuniones extras fuera de la clase. Podrá haber actividades en las cuales la clase se vea comprometida en un proyecto, como grupo. Sin embargo, puede ser que en aplicación los alumnos puedan optar por ocuparse en la misma actividad, pero llevándola a cabo en forma individual — tal como empezar un culto familiar. Puede haber otro tipo de aplicación en el cual los alumnos escogen diferentes actividades de acuerdo a las necesidades de cada individuo.

La continuación del esfuerzo inicial a cargo del maestro.— Un maestro necesita algunos planes para la conservación o continuación del esfuerzo inicial, para saber si su enseñanza está realmente influyendo en la vida de sus alumnos o no. Esto es necesario por dos razones. Primero, el maestro hace esto no porque quiera espiar a sus alumnos, sino porque está verdaderamente interesado en el crecimiento espiritual de ellos; es decir, no queda satisfecho con dar su enseñanza solamente con la vaga esperanza de que está haciendo algo bueno. Si la tarea de la enseñanza es tan importante como el mismo maestro dice que es, no debe dejar los resultados de esa enseñanza al azar. En segundo lugar, es necesario hacer algunos planes de conservación o continuación del esfuerzo inicial para que los alumnos sepan que el maestro realmente espera que ellos muestren los resultados de lo que se enseña el domingo en la mañana.

Maestro tras maestro ha venido informando que cuando ha pedido a los alumnos una específica respuesta en acciones con relación a cierta lección, descubre que sus alumnos la han olvidado cuando el domingo siguiente trata de comprobar los resultados, y que ellos no han hecho nada con respecto a lo que él pidió; más bien parecen sorprendidos que el maestro realmente haya estado esperando que ellos hagan algo. Esto demuestra una seria debilidad en gran parte de la enseñanza que se imparte en la moderna escuela dominical. Aparentemente los alumnos creen que no se espera que ellos expresen de alguna manera definitiva y específica lo que ellos estudian el domingo en la mañana. Pareciera que ellos suponen que tienen que venir, sentarse, escuchar y estar de acuerdo con lo que se dice, pero que no piensan expresar lo aprendido en acciones. Escuchar simplemente es, por supuesto, mucho más fácil que expresar una dedicación cristiana en actividad.

El plan que use el maestro para la conservación ha de ser determinado por el tipo de acción deseado y por la edad del grupo que se enseña. Si la respuesta en acciones tiene las características de un proyecto, el maestro deberá observar a los alumnos mientras trabajan. Con primarios puede entregarse a charlas informales con los alumnos a medida que van llegando a la clase el domingo en la mañana. Con otros grupos puede tener informes en la clase. Y aun en otros casos puede tener charlas personales con los alumnos durante la semana. Digamos nuevamente que el maestro debe tomar todas las precauciones necesarias para no crear situaciones incómodas para nadie. Aun en la conservación su propósito es enseñar a los alumnos y ayudarlos a crecer espiritualmente. Pero debiera también hacer que el alumno entienda claramente que él espera que su fe cristiana sea expresada en acción, no solamente en palabras cuando se habla de ella el domingo en la mañana.

De esta manera, puede ser que el planeamiento para la aplicación sea la clave para el éxito de una lección de respuesta en acciones. La decisión que se haga o que no se haga y los planes que se proyecten o que no se proyecten, son fundamentalmente importantes en la efectividad de la lección. El maestro debe planear esta parte de la lección con mucho cuidado.

Guía para la Preparación de la Lección

Las preguntas siguientes se dan para guiar tanto al superintendente de departamento, como también a los maestros, cuando juntos están procurando aplicar estas técnicas en la preparación de la lección.

1. Recuerde aplicar aquello que se ha estudiado en el capítulo anterior.

(1) ¿Cuál es la meta para el trimestre, y cuál la meta de unidad?

(2) ¿Cuál es la meta de la lección?

(3) ¿Cuál es el propósito de la meta, inspiración, adquisición de conocimientos, o respuestas en acciones?

(4) ¿Es breve, clara, específica?

2. ¿Cómo presentará el maestro la lección para asegurar un estudio bíblico con un propósito definido?

(1) ¿Está la introducción de acuerdo con el interés de la clase?

(2) ¿Se busca una respuesta oral de la clase?

(3) ¿Hay una transición que encamine a los alumnos hacia la Biblia?

(4) ¿Qué va a pedir el maestro que busquen los alumnos mientras él lee la Biblia?

(5) ¿La consideración de estos asuntos encaminarán naturalmente al desarrollo de la lección?

3. ¿Qué puntos importantes va a usar el maestro en el desarrollo de la lección?

(1) ¿Están estos puntos ordenados lógicamente (en términos del material) o sicológicamente (en términos de las necesidades de los alumnos y la meta de la lección)?

(2) ¿El desarrollo de la lección encaminará a los alumnos a un claro entendimiento de la verdad cristiana que se está estudiando?

(3) ¿Este desarrollo encaminará a una entrega más profunda a la verdad cristiana que se está estudiando?

(4) ¿Qué métodos se usarán en el desarrollo de la lección?

4. ¿Cómo se ha estado estudiando la verdad espiritual para que llegue a ser personal a los alumnos?

(1) ¿Cómo procurará el maestro encaminar a los alumnos a enfrentar situaciones específicas en las cuales esta verdad debiera aplicarse?

(2) ¿Cuáles son algunos de los problemas que los alumnos pudieran tener al aplicar esta verdad?

(3) ¿Cómo procurará el maestro guiar a los alumnos a enfrentar seriamente el significado de esta verdad cristiana en la vida personal de cada uno?

5. ¿Cómo puede el maestro asegurar la aplicación?

(1) ¿Cómo procurará el maestro encaminar a su clase hacia la decisión de dar una respuesta?

(2) ¿Cómo procurará encaminar a sus alumnos a decidir qué actividad o acción quieren hacer?

(3) ¿Qué planes necesitan hacer los alumnos para llevar a cabo la respuesta en acción que han escogido?

(4) ¿Qué planes hará el maestro para la continuación o conservación que le ayuden a determinar qué acción están tomando los alumnos?

4. Enseñando Para Aumentar Conocimientos

Cuando se empezó con la escuela dominical, ésta no tenía carácter religioso fundamentalmente. Empezó fuera de la iglesia, y su propósito era simplemente recoger de las calles a niños menesterosos y enseñarles a leer y escribir. Sin embargo, el libro que se estudiaba en la escuela dominical era la Biblia. Mas tarde, cuando se llevó la escuela dominical a las iglesias, los líderes vieron en este movimiento una magnífica oportunidad para enseñar tanto las características denominacionales como la Biblia. Fue tan grande este énfasis de enseñar la Biblia que hubo un tiempo en el que el término "Escuela Bíblica" se extendió muchísimo. En muchas de las denominaciones evangélicas la Biblia ha sido el libro de texto central a través de los años. Un destacado líder de la obra ha dicho: "El propósito reconocido de la escuela dominical es enseñar la Biblia." Con este énfasis en la Biblia y el estudio de ella, conviene preguntar en qué grado ha tenido éxito la escuela dominical en proporcionar a los que asisten un real conocimiento de la Biblia.

Resultados de una Prueba Sobre Conocimientos Bíblicos

Recientemente en el estado de Kentucky se aplicó una prueba de conocimientos bíblicos a diecisiete iglesias bautistas.[1] Las preguntas estaban relacionadas netamente a hechos que abarcaban tanto el Antiguo como el Nuevo Testamento. La prueba fue aplicada en iglesias rurales y urbanas; y las iglesias urbanas fueron divididas de acuerdo a las condiciones económicas de sus miembros, en grupos de ingresos elevados, regulares y bajos. Se recibieron seiscientas noventa y cinco respuestas.[2] El resultado de la prueba fue un promedio de 16.57 sobre cincuenta, ¡lo que quiere decir que la calificación promedio estaba escasamente por encima del 33 por ciento! El 64 por ciento contestaron mal esta pregunta: "Jesús dijo que

---

[1] Russell Bennett, "Measurement of Pupil Bible Knowledge in Selected Baptist Sunday Schools in Kentucky" (Tesis Maestra, *Southern Baptist Theological Seminary,* 1957). Usado con permiso.

[2] La fórmula usada para determinar el resultado fue $R = C - E/2$. El resultado es igual al número de respuestas correctas menos el número de respuestas erradas sobre dos. Esta fórmula considera un factor de probabilidades.

el mayor en el reino de los cielos sería (a) el siervo de todos, (b) pobre, (c) puro de corazón." El 63 por ciento erró esta pregunta: "El día de Pentecostés 3000 personas fueron agregadas a la iglesia después que (a) Pedro, (b) Pablo, (c) Juan predicó." En contra de la opinión prevaleciente, fueron los adultos los que obtuvieron mayor puntaje en vez de los primarios o intermedios. El puntaje para los adultos fue de 20.66, para los jóvenes 16.39, para los intermedios 12.64 y para los primarios 5.81. En las iglesias urbanas el grupo de ingresos más elevado tuvo un puntaje promedio de 32.06, el grupo de ingresos regulares 15.39 y el grupo de ingresos bajos tuvo un promedio de 1.18 (este último grupo en misiones alrededor de la ciudad). El puntaje promedio de todas las iglesias rurales fue más elevado que el puntaje promedio de todas las iglesias urbanas. Las iglesias rurales tuvieron un puntaje de 17.73 mientras que las iglesias urbanas tuvieron un puntaje de 15.89. Como se puede ver fácilmente el puntaje de las iglesias urbanas descendió por el insólito bajo puntaje que obtuvieron los grupos de bajos ingresos.

Los resultados de esta prueba no se han dado por definitivos y por tanto no se puede hacer una generalización. Sin embargo, estos datos dan una pauta de que aunque la Biblia es el libro texto central en la escuela dominical, hay una asombrosa falta de conocimiento del libro que se estudia. Después que una persona ha estado asistiendo a la escuela dominical por cinco, diez, quince o más años, estudiando el mismo libro semana tras semana, se podría esperar que tenga algún dominio de su contenido. Sin embargo, no sucede así. Y fuera de datos bastante superficiales, que más bien son conocimientos comunes tales como dónde nació Jesús, y el nombre del niño que fue encontrado en el carrizal, etcétera, hay una falta alarmante de conocimientos.

Esto no presupone que el objetivo principal de la escuela dominical sea enseñar el conocimiento de la Biblia. No hay lugar a dudas de que el objetivo fundamental de toda enseñanza cristiana es que las personas vengan al conocimiento de Dios como Padre, y de Jesucristo como Salvador; y que sigan el camino cristiano. Como dice Smart: "El propósito de instruir al niño en las Sagradas Escrituras no se basa en el hecho de que solamente sepa las Escrituras; más bien que tenga fe en Dios de la manera que lo revelan las Escrituras." [3] Sin embargo, el conocimiento bíblico es un valioso objetivo. Si bien el conocimiento de los hechos bíblicos no garantiza necesariamente el desarrollo espiritual de una persona, tal conocimiento proporciona al individuo la base para una fe cristiana más inteligente. Para el maestro ha de ser un valioso objetivo procurar encauzar a sus alumnos en la adquisición de mayores conocimientos bíblicos.

[3] James D. Smart, *The Teaching Ministry of the Church* (Philadelphia: The Westminster Press, 1954), pp. 148-49.

Enseñando con una Meta de Adquisición de Conocimientos.

¿Por qué es que muchas personas que han estado asistiendo a la escuela dominical por muchos años tienen tan escasos conocimientos de la Biblia? Indudablemente hay muchas razones para esto. Una parte de la responsabilidad (y quizá una gran parte de ella) recae sobre los maestros y la manera que éstos han estado enseñando. A menudo los maestros toman un corto pasaje bíblico y hablan de él durante toda la clase con un sentido puramente devocional. Como resultado de esto los alumnos nunca desarrollan una lógica y sistemática comprensión de la Biblia.

Como se ha señalado en el capítulo dos, a menudo los maestros tratan de enseñar más conocimientos, dar inspiración, y procurar una respuesta en acciones, todo esto en la misma lección. Cuando se hace tal cosa, no se puede tener seguridad de obtener resultados adecuados en ninguna de estas áreas (a no ser en inspiración). Hay oportunidades cuando el maestro debe enseñar con una meta de adquisición de conocimientos solamente, en la cual su propósito es encauzar a sus alumnos a adquirir un dominio de alguna porción de la Biblia o de algún aspecto de la fe cristiana.

Definición y explicación.— Una lección con una meta de adquisición de conocimientos es aquella en la cual el maestro procura guiar a su clase en un serio y sistemático estudio de una significativa porción de la Biblia con el propósito de llegar a entender y alcanzar un dominio del contenido estudiado. Cada palabra en la definición es importante. Primero: va a ser un estudio *serio,* que tenga un propósito. No será simplemente abarcar ligera y superficialmente el material; por el contrario, el estudio debiera ser tan instructivo como el maestro y los alumnos sean capaces de hacerlo. Segundo: va a ser un estudio *sistemático;* ya sea que el grupo esté estudiando alguna doctrina o alguna porción de la Biblia, el estudio debiera ser una consideración lógica y sistemática del contenido. Si el estudio es para que sea entendido, debe haber un sistema para el mismo; si es para dar dominio, debe haber una organización lógica del material.

Tercero: debiera ser un estudio que abarque una porción *significativa* de la Biblia o algún aspecto significativo de la fe cristiana. En otras palabras, si el maestro tiene una meta de adquisición de conocimientos para una lección, debe abarcar una porción mayor de las Escrituras de la que está impresa en el expositor o manual. Su meta de adquisición de conocimientos puede estar basada más bien en lo que se conoce como el texto completo de la lección. Puede ser que a veces incluya aun más de esto. El conocimiento que adquieran los alumnos a través de una lección que tenga como meta la adquisición de conocimientos debiera ser significativo tanto en contenido como en cantidad.

Cuarto: el estudio debiera conducir hacia una *comprensión* del material. Esto quiere decir que el maestro no solo tiene que "mencionar" a la clase el significado de la porción estudiada, sino que tiene que haber comprensión de ese significado de parte de los alumnos. Esto no es en manera alguna fácil de lograr.

Quinto: el estudio debiera conducir hacia un *dominio* del conocimiento estudiado. Si hay algo en que se deba dar énfasis en una meta de adquisición de conocimientos será en la importancia del dominio. El maestro debiera procurar tanto en el planeamiento de la lección, en el método, en el énfasis, como en el medio de comunicación general, dirigir a sus alumnos hacia un dominio del material estudiado. Debiera procurar llevarlos a tener tal dominio del contenido que si les hicieran preguntas al respecto tres o seis meses después, sean capaces de responder correctamente. Enseñando de esta manera el maestro tendrá una mayor oportunidad de dirigir a sus alumnos hacia un conocimiento más amplio de la Biblia, de la que tendría si enseñara *cada domingo* en una actitud devocional.

Pero, ¿es que acaso el maestro no usa algo de conocimientos cuando tiene una meta de respuesta en acción? Ciertamente que sí porque una respuesta en acción tiene que estar siempre basada sobre algún conocimiento. Pero los conocimientos que usará en una lección en que quiere conseguir respuesta en acciones serán los que guíen a una comprensión y aceptación de su meta de respuesta en acciones. Es posible que éste no sea un estudio lógico y sistemático de la Biblia. Puede ser que el maestro empiece con un pasaje y pase rápidamente a otra porción de la Biblia y aun a otra más, todo esto procurando llevar a su clase a una comprensión y aceptación de la actitud cristiana que se está estudiando. Pero esta manera de estudiar la Biblia saltando de un lugar a otro (quizá necesaria para una lección de respuesta en acciones) no les dará un conocimiento comprensible y unificado de la Biblia porque no los lleva a un estudio lógico y sistemático de la misma.

Dos tipos de conocimientos.— Hay dos clases de conocimientos que el maestro procurará enseñar. Primero: conocimientos de hechos. Aquí el maestro trata de dirigir a su clase hacia el dominio de algunos de los hechos importantes de la Biblia, así como la mayoría de los eventos de la vida de Jesús, los lugares que Pablo visitó en sus tres viajes misioneros, los acontecimientos que tuvieron lugar durante estos viajes, la época en que fueron escritas las cartas de Pablo, o los acontecimientos de la expansión del cristianismo en los primeros tiempos. Existen ciertos hechos en la Biblia que cada persona que diga conocerla debe saber.

Segundo: existen otros conocimientos de interpretación de la Biblia. Es claro que este segundo tipo de conocimientos es más importante que el primero aunque ambos son necesarios. El maestro usualmente tendrá ambos tipos en mente cuando tiene una lección con una meta de adquisición de conocimientos. Habrá algunos hechos que querrá que su clase domine. Habrá asimismo interpretaciones que querrá que sus alumnos entiendan y dominen. Si la clase está estudiando el libro de Amós, el maestro querrá que los alumnos sepan algo de la situación social, económica, política y espiritual en medio de la cual predicó Amós. Los hechos sirven de base para que la interpretación sea clara y exacta.

Trimestre, unidad o lección.— Habrá veces cuando el maestro quiera tener una meta de adquisición de conocimientos por todo un trimestre. Por ejemplo, una clase de intermedios o adultos podrá tener la vida de Jesús como la base de sus estudios durante determinado trimestre. Su meta para el trimestre podrá ser: "Para dirigir a mi clase hacia el dominio de los acontecimientos más destacados y que entiendan las más grandes enseñanzas en el ministerio de Jesús." El maestro deberá especificar cuáles son los acontecimientos "más destacados" y "las más grandes enseñanzas" que ha de tener en cuenta, puesto que no puede abarcar todo en un trimestre. De esta manera durante el trimestre cada lección que enseñe tendrá como meta la adquisición de conocimientos destinados a dar a los alumnos un dominio tal sobre estos acontecimientos y enseñanzas como nunca lo hayan tenido antes.

Habrá otras veces cuando el maestro quiera tener otra meta de adquisición de conocimientos en una unidad de lecciones. Puede ser que no quiera enseñar adquisición de conocimientos por todo el trimestre, pero sí que tenga una serie de lecciones que tengan que ver con un área en la cual la mayor necesidad de la clase es la adquisición de conocimientos. Así, se forma una unidad de lecciones que se pueden enseñar bajo la meta de adquisición de conocimientos, mientras que el resto de las lecciones del trimestre podrán enseñarme con una meta inspiraciones o de respuesta en acciones.

También, habrá veces cuando el maestro quiera tener una meta de adquisición de conocimientos para una sola lección. En el curso de estudios del trimestre la clase puede llegar a una lección en la que el maestro siente que la mayor necesidad de sus alumnos es de mayores conocimientos.

Factores Involucrados en la Enseñanza de Adquisición de Conocimientos

Puesto que muchos maestros de la escuela dominical nunca han enseñado una lección destinada específicamente para dirigir a su clase hacia el dominio de nuevos conocimientos, algunas sugerencias pueden ser muy útiles.

Los conocimientos del maestro.— El maestro mismo debe tener una comprensión y algún dominio del material que va a enseñar. Sin duda ésta es una de las principales razones de por qué los maestros no han llevado a sus clases a un estudio serio y sistemático de la Biblia; es que no tienen fundamento para tal estudio. Esto puede constituir un problema pero no una excusa. En uno de los capítulos anteriores hemos señalado que una de las necesidades más grandes que tienen los maestros, es la de un mayor dominio del libro-texto del cual enseñan. Es necesario que los maestros se entreguen a un estudio más serio de la Biblia. Es seguro que si un maestro empieza a enseñar más lecciones basadas en metas de adquisición de conocimientos, llegará a tener un dominio tal de la Biblia como nunca habrá tenido antes, a la par de su clase.

Claro está que un estudio de tal naturaleza implica trabajo; pero todas las cosas de valor demandan trabajo. Dios no promete un camino fácil; ofrece un camino mejor. La reunión semanal de oficiales y maestros puede ayudar a los maestros a resolver este problema. Si en un determinado departamento, para un trimestre dado, todos los maestros están de acuerdo en tener una meta de adquisición de conocimientos para las lecciones de ese trimestre, pueden usar la reunión semanal de maestros como una oportunidad para hacer un estudio serio y sistemático (y tan instructivo como sea posible) del contenido bíblico que se va a enseñar cada domingo. Un estudio de la Biblia, realizado con tal intensidad, enriquecerá la enseñanza del maestro por el resto de su vida.

Base de conocimientos que tienen los alumnos.-Los conocimientos bíblicos que se van a enseñar deben estar de acuerdo con la edad de los alumnos y con los conocimientos que éstos tengan en el área que se está estudiando. Un principio fundamental de la enseñanza es que el maestro debe estructurar su enseñanza en base a los conocimientos que el alumno tiene en el momento de iniciarse la enseñanza. Esto quiere decir que el maestro debe conocer a los alumnos tanto como para saber cuáles son sus conocimientos en ese momento. El material no debe ser presentado de manera tan simple que no llegue a estimular ni a ser un desafío para los alumnos, pero por otro lado no debe ser tan complicado que no puedan entenderlo. El maestro necesitará planear partes de la lección para satisfacer las necesidades de aquellos que tengan muy poca base de conocimientos, y otras partes de la lección la planeará para lanzar un desafío a aquellos que tengan mejor fundamento.

Motivación y propósito.-El maestro deberá motivar en sus alumnos el interés de ellos en la materia que se está estudiando. Sin esta motivación será poco o nada lo que ellos aprendan. La falta de motivación es una de las razones por la que los maestros de primarios e intermedios tienen que enfrentar problemas disciplinarios. Los niños no tienen 'interés' en lo que dice el maestro, no "quieren" hacer nada y no "encuentran ningún sentido" en el estudio. He aquí tres factores necesarios para el aprendizaje, sea que el grupo esté compuesto de primarios o adultos, interés, deseo ("querer"), y propósito ("encontrar algún sentido"). La tarea del maestro es estimular este interés, despertar este deseo y desarrollar este propósito. Dejemos claramente establecido que debe ser el interés, el deseo y el propósito del que aprende y no del que enseña. Es posible que el maestro esté profundamente interesado en el estudio que está rea-

lizando, que vea claramente el propósito del mismo; pero si se quiere
tener un estudio significativo para el alumno y que tenga un efecto
duradero debe estar basado en su interés; el estudio debe "tener
sentido" para él.

Organización.-El maestro debe tener el material de su lección
cuidadosamente organizado tanto en su planeamiento como en su
enseñanza para que sus alumnos puedan comprenderla y recordarla.

Repaso.-En la enseñanza de adquisición de conocimientos, el
maestro debiera hacer repasos periódicos. Esto es necesario para
asegurarse de que la clase ha asimilado y comprendido todo lo abarcado. La repetición ayudará a la clase a dominar el material.

Variedad de método.-En la tarea de llevar a la clase hacia un
dominio del material que se está estudiando, el maestro querrá
usar una variedad de métodos. Algunas veces hará y responderá preguntas; otras dirigirá un diálogo o discusión sobre un asunto específico; usará ayudas audio-visuales como diapositivas, fotobandas,
mapas, pizarras o gráficos, para dar la información que la clase necesita. También habrá veces cuando dé una disertación en base
a su preparación personal; de esta preparación obtendrá la información que la clase necesita tener; la misma que tal vez pueda exponer mejor en una disertación que de cualquier otra manera. Sin
embargo, deberá disertar sólo muy de vez en cuando durante todo
el período de clases. El método o los métodos serán seleccionados
según cual sea el que cumpla mejor sus propósitos, cual es el de la
comprensión y dominio del material que se está estudiando.

Nuevas ideas.-No deberán presentarse las ideas nuevas una tras
de otra en rápida sucesión, pues cuando se hace esto, se tiende a borrar las que se han expuesto antes. En vez de presentar a la clase
una gran cantidad de material, los maestros deberán llevarla hacia
el dominio de una porción reducida de conocimientos nuevos.

Pasos en el planeamiento de una lección

En los capítulos anteriores se ha sugerido el planeamiento para
una lección que se tenga como meta la respuesta en acciones; pero
cuando el maestro quiere que sus alumnos adquieran más conocimientos, su manera de enseñar tendrá que ser diferente; por tanto,
el plan de su lección ha de ser también diferente. En este caso sugerimos el siguiente plan:

Interés.-Como en toda la enseñanza el maestro debe empezar
la lección de tal manera que estimule el interés de los alumnos. Esto
quiere decir que debe planear algunos recursos que motiven en sus
alumnos el deseo de estudiar y adquirir algún dominio sobre la porción de la Biblia que se está estudiando. Cuando el alumno (sea éste
primario o adulto) se pregunta a sí mismo: "¿Por qué tengo que estudiar ésto?" es necesario que el maestro tenga una respuesta para
él. Esto no es sino otra manera de decir que para que el aprendizaje
sea efectivo el estudiante debe tener algún propósito para ese estudio.

Perspectiva general.-Es posible que el maestro quiera dar a la clase, al principio de la lección, una vista o perspectiva general del estudio que se hará, para que los alumnos puedan tener una base adecuada. Los alumnos necesitan saber con claridad hacia dónde se proyecta el estudio. Esto necesita ser así especialmente si el estudio para adquisición de conocimientos va a abarcar varios domingos y si se ha de cubrir una extensa porción de la Biblia. Por ejemplo, si la clase va a estudiar la historia primitiva del pueblo hebreo, durante varios domingos, puede ser que el primer domingo el maestro quiera llevar a su clase a compendiar los puntos fundamentales sobre los cuales se basará el estudio. Con un bosquejo general de la historia, que quede claramente establecido en la mente de los alumnos, éstos estarán más capacitados para relacionar los detalles del estudio a la parte correspondiente de este bosquejo.

Esta división de la lección pudiera llamarse: "Perspectiva general y repaso", ya que domingo tras domingo, mientras el maestro lleve a la clase a recordar claramente este bosquejo general, puede también encaminarlos a un repaso del material avanzado en las lecciones anteriores.

Si la lección de un domingo dado comprende la consideración de un tema un tanto complejo, una perspectiva general de esa lección permitirá a los alumnos ver más claramente hacia dónde se proyecta la lección. Esto les ayudará asímismo a ver cómo los detalles se ajustan a la perspectiva total.

Organización.-Esto corresponde al desarrollo de la lección. Esta parte de la lección es importante porque aquí está el material que el maestro quiere que la clase aprenda. La disposición del material en esta parte de la lección debe ser tanto clara como lógica, puesto que el maestro quiere que la clase entienda el significado de la porción de la Biblia que se está estudiando; lo que el maestro está procurando es un mayor conocimiento de la Biblia; quiere llevar a sus alumnos hacia un dominio de este conocimiento; por tanto, el conocimiento que él quiere que sea dominado, debe ser cuidadosamente organizado. Se deben enfatizar especialmente los puntos más importantes que se quiere que sean recordados. Es importante que el maestro esté seguro de que estos conocimientos están ordenados en la mente de sus alumnos y no solamente en su cuaderno de notas.

Resumen y repaso.-Esta sección proporciona el punto culminante para una lección destinada a la enseñanza de nuevos conocimientos. Al terminar la lección, mientras el maestro lleva a su clase a resumir lo que se ha estudiado, procura establecer con certeza que sus alumnos hayan alcanzado una comprensión del significado del material. Se aclaran los puntos que pudieran estar todavía confusos en la mente de los alumnos. Se repasan y se ordenan los puntos principales de manera lógica y clara, para ayudar a los alumnos a hacer de esta información una parte de su permanente acopio de conocimientos.

Asignación de tareas.-El tipo de tarea o actividad que se dé a la clase dependerá de la meta que el maestro tenga en mente para la lección. Si su meta es respuesta en acciones, la tarea pudiera consistir en alguna actividad que involucre la realización de algún proyecto escogido por la clase. Si el maestro tiene una meta de adquisición de conocimientos, la tarea puede consistir en pedir a la clase que busque y acopie alguna información para la lección del domingo siguiente. Cualquiera que sea el propósito, y como quiera que sea llevado a cabo, la tarea que se dé debe estar basada en el interés de los alumnos; de otro modo ellos no harán nada con respecto a la misma. Por otra parte, si el maestro asigna una tarea debe, ciertamente, revisarla o pedir el informe respectivo el domingo siguiente. Es una actitud muy pobre la del maestro que asigna una tarea y nunca vuelve a acordarse de ella. Los alumnos muy pronto se darán cuenta de que una tarea es meramente un formalismo que usa el maestro, pero que en verdad no significa nada para él.

Obra práctica.-Cuando el maestro tiene una meta de adquisición de conocimientos para varios domingos (o un trimestre) querrá que su clase lleve a cabo alguna obra práctica. Cuando se hace ésto las tareas que se dan deben estar relacionadas con la obra práctica. Una obra práctica usualmente es una actividad que se realiza fuera de la clase (aunque algunas pueden ser ejecutadas en ella). La obra práctica tendrá el propósito de profundizar el dominio de los alumnos sobre el material que se está estudiando. Por ejemplo, si la clase está estudiando la historia primitiva hebrea, en el período de los profetas del siglo VIII, quizás los alumnos querrán hacer diagramas mostrando datos tales como las significativas condiciones políticas y sociales; los jueces y los profetas hebreos y sus mensajes; o quizás la clase quiera preparar un registro de palabras, lugares y personajes con los cuales no están familiarizados.

Plan de la Lección

En el capítulo anterior se dio un plan de lección para ser usado en una lección que tenga como meta la respuesta en acciones. El que sigue es un plan de lección que podrá usarse con una lección que tenga como meta la adquisición de conocimientos. Estos planes de lección pudieran ser mimeografiados y distribuidos el miércoles en la noche durante la reunión semanal de oficiales y maestros. El maestro puede escoger uno (según el tipo de lección que piense enseñar) y llenarlo a medida que planifica su lección.

Plan para una Lección con una Meta de Adquisición de Conocimientos

1. Meta para el trimestre:
(Cuatro espacios)
2. Meta para una unidad:
(Cuatro espacios)

3. Meta para una lección
(cuatro espacios)
4. Empezando con interés: (para estimular el deseo y dar un propósito)
(seis espacios)
5. Perspectiva general: (si es necesario dar a los alumnos una perspectiva adecuada)
(seis espacios)
6. Organización: (el material que debe ser cuidadosa y claramente ordenado)
(catorce espacios)
7. Resumen y repaso: (para profundizar la comprensión y el dominio)
(diez espacios)
8. Asignación de tareas y obra práctica:
(el resto de la página)

El Lugar del Repaso

Ya que el propósito de una lección con una meta de adquisición de conocimientos es llevar a los alumnos hacia la comprensión y el dominio del contenido bíblico, el repaso es algo absolutamente esencial.

Definición de repaso.- Un repaso es la acción de revisar (echar otra mirada) el material anteriormente avanzado con el propósito de alcanzar una comprensión más profunda, buscando un nuevo significado y procurando dominarlo. El repaso, por tanto, debe ser cuidadosamente planeado y debe tener interés y significado para los alumnos; de otro modo el maestro tendrá problemas disciplinarios; especialmente si se trata de grupos de corta edad. El repaso debe dar participación a todos los alumnos. Sucede a menudo que cuando el maestro dirige a la clase en un repaso, son los alumnos sobresalientes los que dominan la clase y responden todas las preguntas, y otros que probablemente son los que más necesitan el repaso quedan ignorados. ¿Cómo puede el maestro hacer que el repaso sea interesante y significativo para todos los alumnos? Este es un problema difícil y, por tanto, él tiene que hacer una preparación cuidadosa para el mismo.

La función del repaso.- Un repaso puede ser usado con muchos propósitos. En algunas ocasiones el maestro querrá enfatizar un propósito, en otras, otro. Generalmente tendrá una variedad de propósitos en mente.

(1) El repaso puede ayudar a los alumnos a ordenar la materia avanzada. Como ya se ha dicho, si se quiere que los alumnos dominen esa materia hasta el punto de llegar a ser una parte permanente de sus conocimientos, tiene que estar ordenada en la mente de ellos con tal claridad que pueda siempre recordarla.

(2) Puede también capacitar a los alumnos a ver una relación

adecuada dentro de una área determinada y a hacer relación entre este conocimiento y otros. Por ejemplo, si el grupo está estudiando la experiencia de la conversión, los alumnos pueden ser guiados a ver una relación entre la membresía regenerada de una iglesia y el sacerdocio de los creyentes; o podrán ser encaminados a ver una relación entre este conocimiento y la responsabilidad de los padres de educar a sus hijos en el hogar.

(3) El repaso sirve de repetición para ayudar a los alumnos a recordar lo que han estudiado. Se sabe que la repetición es un principio fundamental de la enseñanza. El buen maestro sabe que exponer la lección a la clase una sola vez para que ésta la aprenda, no garantiza el éxito del aprendizaje; por tanto, prepara un repaso que ayudará a los alumnos a grabar más firmemente en la mente de ellos la materia que se ha estudiado.

(4) Sirve de preparación o base para un nuevo tema. Si el maestro está guiando a la clase a través de un estudio que abarca varios domingos, él querrá estar seguro que los alumnos dominan la materia avanzada antes de empezar el estudio de una nueva. Toda nueva lección debe ser enseñada en base al conocimiento antes adquirido y desarrollada sobre éste.

(5) El repaso puede aclarar puntos que hayan sido mal entendidos. Pudiera haber cosas que no hayan quedado bien claras para algunos alumnos; otros pudieran haber confundido ideas con relación a determinados puntos. Sin embargo, cuando el maestro lleva a su clase a dar otra mirada a la materia que se ha estudiado, tiene la oportunidad de aclarar cualquier error o idea vaga.

(6) El maestro puede usar el repaso para comprobar la cantidad de conocimientos que han adquirido su clase. Es claro que este procedimiento le dará solo una evaluación aproximada; pero puede ser un instrumento útil para él.

¿Cuándo hacer un repaso?- Puesto que el repaso es tan importante para que los alumnos entiendan y dominen conocimientos, ¿cuándo debe el maestro tener un repaso? La verdad es que no existe una regla establecida que se pueda seguir. Debe hacerse un repaso cuando la clase lo necesite.

(1) El maestro puede repasar un poco después de haber empezado la lección. Este repaso abarcará el material estudiado el domingo o los domingos anteriores. Téngase en cuenta que se ha sugerido que este repaso sea hecho después de haber empezado la lección y no como una manera de empezar; por cuanto no es el modo más efectivo de asegurar el interés de la clase que el maestro comience cada domingo su lección diciendo: "¿Qué estudiamos el domingo anterior?" Por el contrario debiera empezar la lección con algo que sea del interés de la clase; algo que capte su atención y les dé un propósito; y recién encaminarlos al repaso de lo que se ha estudiado los domingos anteriores. Un procedimiento así hace que el repaso llegue a ser una parte significativa de la lección.

En relación con esto existe de hecho un problema con el cual tiene que enfrentarse el maestro de la escuela dominical, y es que su clase se reune sólo una vez a la semana. Es muy fácil que en estos seis días de intermedio entre clases, los alumnos olviden lo que se ha estudiado. Esto hace que el repaso sea una necesidad imperativa. Además, muestra la importancia de que el maestro asigne tareas significativas a los alumnos para estimularlos a estudiar durante la semana. Este estudio durante la semana da a los alumnos la oportunidad de repasar el material que ya se ha estudiado y a guiarlos al estudio de material nuevo.

(2) El maestro puede repasar brevemente los diferentes puntos o áreas dentro de la misma lección que se va desarrollando. Después que una sección determinada de la lección ha sido abarcada, especialmente si se trata de un estudio complicado y complejo, el maestro puede decir: "Vamos a resumir lo que acabamos de estudiar", o "Vamos a repasar brevemente el material que acabamos de avanzar." Esto ayuda a los alumnos a organizar y cristalizar el material a medida que ellos avanzan.

(3) Puede también resumir o repasar al final de la lección. Es posible que el maestro quiera hacer esto casi con cada lección cuya meta sea de adquisición de conocimientos; por cuanto es en este período cuando él procurará que el material estudiado llegue a ser profundamente asimilado por los alumnos, de tal manera que forme parte permanente de sus conocimientos.

(4) Puede aun tener un repaso más extenso al final del trimestre, abarcando todo el material estudiado en ese tiempo. Este repaso puede tomar la mayor parte, si no todo el período de clases. Por tanto, el maestro deberá haber abarcado el contenido de la lección correspondiente a ese domingo, en la clase anterior. En un repaso de esta naturaleza el maestro puede formarse una idea bastante exacta de los conocimientos que sus alumnos han llegado a dominar. Si los alumnos pueden recordar el material estudiado durante los tres meses pasados, es seguro que ellos tienen un buen grado de dominio sobre el mismo.

En este repaso el maestro se dará cuenta que los alumnos han olvidado muchos de los detalles de lo que se ha estudiado, y esto es lógico que suceda. En realidad, el propósito de los detalles es hacer que las ideas claves tengan mayor significado para los alumnos. Cuando se ha logrado este propósito ya no es necesario confundirles la mente con detalles innecesarios.

El Lugar del Ejercicio de Memorización

Definición.— El ejercicio de memorización no es igual que el repaso y no debiera confundirse con éste. El ejercicio de memorización es una repetición intensiva de detalles para llegar a obtener respuestas rápidas y exactas. De la manera que los niños necesitan ejercicios de memorización para aprender la tabla de multiplicar, hay también cierto tipo de conocimientos bíblicos que necesitan ejercicios de memorización. Sin embargo, consideramos necesario dar una palabra de advertencia.

¿Cuándo usarlo?— El ejercicio de memorización es necesario sólo para aprender aquellos conocimientos en los cuales se desea una respuesta automática— como la respuesta automática de que siete por tres son veintiuno. En este tipo de conocimientos puede incluirse el aprender los libros de la Biblia, ciertos lugares y eventos básicos (por ejemplo, el lugar donde nació Jesús), aprender a usar la concordancia, a encontrar un pasaje en la Biblia, algunos versículos o pasajes de las Escrituras, etcétera.

El maestro pierde el tiempo haciendo memorizar a los alumnos hechos que nunca van a necesitar una respuesta automática. A menudo existe la tentación de hacer memorizar a los alumnos un material en el cual ellos no hallan ningún propósito y del cual no tienen ninguna necesidad. Los asuntos que deban aprenderse de memoria, debieran ser cuidadosamente seleccionados por el maestro y los alumnos debieran ser orientados a ver el valor y la razón de aprender estos hechos. De otro modo, como consecuencia de la monotonía del ejercicio de repetición para memorizar algo, los alumnos estarán distraídos e inquietos y pudieran causar al maestro problemas disciplinarios. El maestro debiera sólo seleccionar una cantidad mínima y absolutamente necesaria de conceptos o hechos para que sean memorizados por la repetición.

¿Cómo usar este ejercicio?— La tarea del maestro es hacer que los ejercicios de memorización sean lo más amenos posible. En otras palabras, él debiera preparar el ambiente para que durante la repetición se reduzca la monotonía. Se están usando ingeniosos recursos para hacer que la memorización sea interesante y amena en el aprendizaje de los libros de la Biblia. La "Esgrima Bíblica" ha sido en la Unión de Preparación, uno de los medios más efectivos de hacer que a la gente le llegue a gustar la tarea de buscar pasajes de la Biblia. Por otra parte, se puede utilizar o inventar "juegos bíblicos" para hacer que la clase memorice hechos bíblicos. Los ejercicios de memorización debieran llevarse a cabo con intervalos apropiados de tiempo. Es mucho mejor períodos cortos de memorización que se lleven a cabo con más frecuencia, que períodos largos a intervalos largos de tiempo.

Guía para la Preparación de la Lección

Las preguntas dadas a continuación guiarán al superintendente y a los maestros en la preparación de la lección.

1. Lleve a los maestros a considerar las lecciones que van a ser enseñadas durante el trimestre. ¿Quieren usar una meta de adquisición de conocimientos durante todo el trimestre? ¿Para la próxima unidad? o ¿Para la próxima lección?

2. Ayude a los maestros a redactar su meta de adquisición de

conocimientos para el trimestre, la unidad, o la lección. ¿Qué pasaje de las Escrituras se va a estudiar? ¿Es esta una porción significativa de las Sagradas Escrituras?

3. ¿Tiene el maestro algún dominio del área que se va a enseñar? ¿Necesita estudios más intensivos?

4. ¿Cómo va a empezar el maestro su lección? ¿Cómo va a estimular en sus alumnos el deseo de dominar estos conocimientos?

5. ¿Les dará una perspectiva general del material que van a estudiar? Si es así, ¿cómo?

6. ¿Cómo va a ordenar el material que quiere que los alumnos aprendan?

(1) ¿Cuáles son las áreas principales que quiere que sean dominadas? ¿Cómo estimulará a la clase a entregarse a un estudio serio encaminado a comprender y dominar el conocimiento impartido?   (2) ¿Qué métodos va a usar en su enseñanza?

(3) ¿Cómo va a ayudar a sus alumnos a ordenar el material claramente en la mente de ellos?

7. ¿Cómo va a dirigir a su clase en un significativo resumen y repaso del material estudiado?

8. ¿Qué dará a la clase como tarea para la semana?

(1) ¿Tiene valor para los alumnos la tarea?

(2) ¿Les ayudará esto en el repaso del material que ya han estudiado?

(3) ¿Les ayudará para aprender materiales nuevos?

9. La lección así planificada, ¿ayudará a los alumnos a aumentar su comprensión y dominio del conocimiento bíblico?

5.- Introducción al Método

"¡Pase usted, señora Lyden! Me alegro mucho que haya entrado a su paso por aquí. Puesto que usted enseña una clase de la misma edad de la que yo enseño, quizá pueda usted ayudarme." Las dos señoras pasan a la sala y se sientan.

"¿Qué quiere usted decir, señora Núñez? ¿Cómo puedo yo ayudarla?"

"Estaba tratando de decidir qué método o métodos serían los mejores que pueda usar para enseñar mi lección de la escuela dominical el próximo domingo."

"¡Qué cosa, señora Núñez, hoy es apenas lunes! Ni siquiera he mirado mi lección todavía. Pero, de todos modos, no me preocupo mucho en buscar el método que voy a usar; estudio el manual para maestros simplemente, y les digo a mis alumnos lo que dice el manual."

Esta es una conversación supuesta, pero ¿pudiera el lector pensar de algún lugar donde pudiera haber ocurrido?

Importancia del Método

Es posible que el lector esté pensando: "Bueno, no soy tan mal maestro como la señora de la anécdota que acaba de mencionarse, pero en mi enseñanza, verdaderamente, no le doy mucha importancia al asunto del método. Después de todo, no veo ninguna razón para preocuparme tanto por el método." Al procurar enseñar, o, por mejor decir, al procurar ayudar a otros a aprender, hay por lo menos tres puntos que el maestro debe considerar. Primero, después que se ha estudiado la Biblia y todas las ayudas auxiliares para la lección, el maestro debe determinar en primer lugar cuál es la enseñanza que quiere que sea aprendida y luego, qué material auxiliar va a usar para que este aprendizaje tome lugar. Durante la semana, puede ser que el maestro pase varias horas estudiando el material que está relacionado con la lección. En este estudio es posible que descubra ideas que son muy significativas para él y que sean apropiadas al objetivo que él tiene para la lección. Pudiera pasar un tiempo considerable en dominar y organizar este contenido. Sin embargo, es en este punto en el cual el maestro puede cometer uno de los errores más comunes en los maestros de la escuela dominical, y es el de pensar que todo lo que tiene que hacer para enseñar es estudiar el material de la lección y luego "decir" a la clase lo que ha estudiado. El maestro olvida que su propia capacitación no se debe a que alguien le haya "dicho" a él lo que esa persona ha estudiado. El ha aprendido a través de un estudio y de una investigación; ha meditado sobre el tema y lo ha analizado; en otras palabras, lo ha aprendido en el crisol de la experiencia. Sus alumnos deben aprenderlo de una manera similar. ¿Cómo puede el maestro, llevar a su clase a descubrir las ideas y la información, y poner en práctica las actitudes que estén en armonía con su objetivo? Es aquí donde la elección del método está involucrada en la preparación del maestro.

Hay un tercer problema que el maestro tiene que resolver y es determinar cuál es la mejor manera de usar el material, de modo que la enseñanza tome lugar. Los maestros pueden no tener en cuenta los métodos al presentar su lección, pero el resultado será que muy a menudo los alumnos no han "aprendido", aun después que el maestro ha expuesto su lección. Si el propósito de la enseñanza es ayudar a la gente a aprender, entonces *tiene* que preocuparle al maestro cómo puede enseñar para que esa enseñanza se haga efectiva. El maestro no sólo debe saber el contenido de la lección, sino que también debe saber la mejor manera de *usar* ese material.

El maestro debe recordar que los alumnos no han tenido el estudio previo que él ha tenido; por tanto, no tienen la predisposición que él tiene para aprender. Es necesario que él llene el vacío que queda entre sus conocimientos adquiridos por medio del estudio y el aprendizaje de los alumnos. Como alguien ha dicho, debe olvidarse que él sabe y recordar sólo que sus alumnos no saben. No es suficiente que el maestro sepa la materia; debe también saber cómo ayudar a sus alumnos a saber, sentir, creer, actuar. Para lograr esto, es imperativo que el maestro se preocupe por los métodos de enseñanza.

El Problema Extensivo del Método

La consideración del método involucra algo más que la simple selección de métodos específicos. He aquí un ejemplo: El señor Baxter estaba enseñando una clase de muchachos de trece años.

Durante diez minutos les había estado explicando con detalles meticulosos, las leyes y los requisitos relacionados con las observancias ceremoniales de los judíos. Los muchachos estaban inquietos; de pronto la clase estalló en sonoras carcajadas cuando uno de los muchachos quitó la silla de su vecino en el momento que éste iba a sentarse. El maestro encolerizado salió de la clase, corrió a la oficina del superintendente de la escuela dominical y con desafío le anunció: "¡Renuncio!, ¡sencillamente no puedo enseñar a esos pequeños demonios!" Después de discutir un poco el asunto, el superintendente le preguntó: "¿Qué estaba usted haciendo para mantener el interés de ellos?" "¿Mantener su interés?", preguntó el señor Baxter, "¡estaba tratando de enseñarles la Biblia, y cuando alguien está tratando de enseñarles la Biblia, ellos deben tener interés!"

Esta ilustración nos sugiere que uno de los propósitos del método de enseñanza es el de hacer todo lo posible por estimular en los alumnos el deseo de aprender. Si un maestro dice: "Ellos deben tener interés", es no tener ninguna visión de la realidad. Está fuera de lugar el decir si ellos deben tener interés o no. La pregunta fundamental es si ellos tienen o no interés. Si no lo tienen, es la responsabilidad del maestro preocuparse por despertar este interés. De otro modo el maestro tendrá en sus manos una tarea casi imposible de cumplir.

Intimamente relacionado con la motivación está el propósito. El alumno inevitablemente se pregunta: (tal vez sólo lo piense para sí mismo). "¿Por qué tengo que estudiar esto?" ¿Por qué tiene que estudiar acerca de Moisés como el líder que guió a los hijos de Israel para que salieran de Egipto? ¿Por qué tiene que estudiar sobre el viaje de Abraham a la tierra prometida? Una parte del propósito extensivo del método (cuando se lo ha tenido en cuenta como una ayuda para que la enseñanza se llegue a efectuar) es solucionar el problema de dirigir a los alumnos a ver un propósito en el estudio. Sin tener un propósito —y éste ha de ser de parte de los alumnos— será muy poca la enseñanza que se haga efectiva.

Otro factor íntimamente relacionado con esto es el significado. El estudio debe tener valor y significado para el alumno; tiene que tener "sentido" para él. De otro modo el se dirá (a sí mismo): "Esto no tiene sentido para mí." Y cuando un estudio "no tiene sentido", sobrevienen problemas disciplinarios. Por tanto, el método tiene que ver con las preguntas siguientes que el maestro debe responder al prepararse para enseñar.

1. ¿Cómo puedo despertar el interés de mi clase en este estudio?

2. ¿Cómo puedo ayudar a mis alumnos a encontrar un propósito para este estudio?

3. ¿Cómo puedo ayudarles a entender el significado y ver el sentido de este estudio?

Escogiendo un Método

Por lo general hay cinco métodos de enseñanza: preguntas y respuestas, discusión o diálogo, disertación, narración o ilustración y obra práctica. Las ayudas visuales se incluyen algunas veces dentro de la lista de métodos; sin embargo, el uso de materiales visuales no constituye un método en sí, sino más bien una ayuda que se usa con otros métodos tales como preguntas, discusiones, etcétera. La dramatización es una técnica relativamente nueva que se puede incluir en la consideración de métodos.

Con esta variedad de métodos, el maestro pudiera preguntarse a menudo: "¿Cómo puedo saber qué método o métodos debo usar?" Para contestar esta pregunta diremos que no hay "reglas" que se puedan dar para que el maestro las siga, porque no se necesitan "reglas". En la mayoría de los casos no hay un método que sea mejor que otro. Para una lección dada, un maestro puede usar cierto método, mientras que para la misma lección, otro maestro pudiera usar otro diferente. Ambos pueden tener el mismo éxito en lo que se refiere al aprovechamiento de los alumnos.

Sin embargo, hay varios factores que debieran considerarse para determinar qué método pudiera ser mejor para un domingo determinado.[1] Primero, la edad del grupo que se va a enseñar, influirá en la elección del método o métodos que se han de usar. La discusión o diálogo puede ser muy bueno para los intermedios mayores y los jóvenes, pero estaría fuera de lugar con los niños pequeños, aun en el caso de que el tema de la lección fuera el mismo para ambos grupos.

Otro factor que debe considerarse es la meta que el maestro ha elegido para una lección determinada. Por ejemplo, para una lección que titula: "El día del Señor en la época actual", un maestro pudiera elegir como meta: "Para ayudar a mis alumnos a comprender la enseñanza bíblica respecto a guardar el día del Señor." Entonces, él buscará todas las referencias bíblicas, estudiará lo que dicen los comentarios, y dará una provechosa disertación de todo lo que ha estudiado. En cambio, otro maestro pudiera tener como meta: "Para ayudar a mis alumnos a encontrar la manera de observar el día del Señor en nuestros días."

Inmediatamente esta meta podrá iniciar una franca discusión y consideración de los problemas que los alumnos están confrontando, a la luz de las enseñanzas bíblicas. Esto no quiere decir que una meta o método sea mejor que el otro; en cambio, sí señala el hecho de que la meta para determinada lección ayudará a elegir el método a usarse para lograr el objetivo de la misma.

Debe también tenerse en cuenta el tiempo disponible para dar la lección. Una de las ventajas en el método de la disertación es que el maestro puede presentar a su clase, en un tiempo relativamente breve, un material que a él le ha tomado horas investigar y reunir. Una discusión toma más tiempo. Es posible que el maestro no pueda abarcar todo el material que quisiera, pero es probable que el abarcado se recuerde mejor. La obra práctica es también un método efectivo, pero también toma tiempo. Algunos piensan que este método, en el cual los alumnos aprenden por medio de la acción es

---

tan efectivo, que dan todo el período de la lección a la obra práctica. El tiempo con que se cuenta para enseñar es tan breve y tan importante, que el maestro tiene que determinar cuál es la manera más provechosa de usar ese tiempo.

Finalmente, tendrá que tenerse en cuenta también la base o fundamento que tienen los alumnos en el área que se está estudiando. Si la clase está estudiando una parte de la Biblia o una verdad cristiana en la cual ellos tienen muy poca o ninguna base de conocimientos, no será acertado tratar de tener una discusión. Los alumnos no tendrían suficientes conocimientos para participar inteligentemente de un diálogo. La mayoría de los adultos no tendrán la base suficiente para discutir sobre los problemas sociales, políticos y económicos de los días del profeta Amós; pero, ciertamente, tendrán suficiente información para discutir con bastante inteligencia sobre los problemas sociales, políticos y económicos de su propia comunidad.

Muchos maestros de adultos se quejan de que sus alumnos no "hablan" en clases. Bien puede ser que estos adultos estén profundamente conscientes de sus limitados conocimientos en la porción bíblica que se está estudiando y procuran no revelar su ignorancia guardando silencio. Esta falta del conocimiento bíblico es, en verdad, una enérgica acusación contra el método de la disertación que el maestro ha usado predominantemente al enseñar a los adultos. Los alumnos no han aprendido todo lo que debieran. Esta es otra razón por la que los maestros deben buscar y usar mejores métodos.

Variedad de Métodos

¿Cuál es el método mejor y cuál el peor? El doctor Gaines S. Dobbins ha dicho hace algunos años que el peor método es aquél que se usa todo el tiempo; no importa qué método sea, si el de discusión, preguntas y respuestas o disertación, si se usa domingo tras domingo sin variarlo, ese es el peor método. Nosotros, ciertamente, disfrutamos escuchando una historia; pero no nos gustaría que nuestro maestro pase al frente cada domingo y no haga otra cosa que contar una historia. Usar el mismo método cada domingo sin variación, es, sin lugar a dudas, el peor de los métodos.

Pero, ¿qué método es el mejor? Ninguno es mejor que otro. Cada uno tiene su propio lugar y propósito. Probablemente la combinación de dos o más métodos es lo mejor. En esto, como en cualquier otra cosa, la variedad es el condimento de la vida. A veces los maestros piensan que deben usar un sólo método durante toda la lección; es claro que habrá oportunidades cuando tenga que ser así, pero usualmente el maestro usará varios métodos diferentes en una misma lección. En determinada lección usará preguntas y respuestas y tendrá una parte de discusión; podrá tomar unos pocos minutos para una disertación o explicación de algún punto difícil; podrá contar una historia. La combinación de estos métodos, dando un énfasis mayor una vez a uno y otra vez a otro, es probablemente lo mejor.

Es posible que el maestro que no ha usado más que uno o dos métodos en su enseñanza, piense que no puede aprender a usar ningún otro. Por supuesto, muchos se atemorizarán frente a la idea de enseñar de una manera diferente. Sin embargo, con un planeamiento inteligente y práctico, cualquier maestro puede adquirir destreza en el uso de cualquier método. Esto no quiere decir que la primera vez que use un método nuevo, tendrá un éxito completo. El maestro necesita despojarse del temor al fracaso; un muchacho nunca aprendería a manejar una bicicleta si se negara a subir en ella por el temor de caerse; lo que el maestro necesita es "apoderarse" de los métodos que se considerarán en los capítulos siguientes, y "guiarlos".

El método nunca constituye una finalidad en sí mismo. Es siempre un medio que conduce a una finalidad. Lo importante no es que el maestro llegue a ser un perito en materia de disertación, preguntas y respuestas, en dirigir una discusión o contar historias; lo importante es que la enseñanza se haga efectiva. ¿Habrá más probabilidades de aprendizaje usando tal material, con tal meta, en tal clase durante tal tiempo, si el maestro da una disertación, hace preguntas, dirige un diálogo o si usa un poco de cada uno de estos métodos? El método es simplemente un instrumento usado por el maestro para transmitir al alumno el conocimiento, la idea o la verdad que se quiere considerar. Pero no por eso será igualmente adecuado usar cualquier medio de enseñanza. Aquello que se ha de enseñar debe ser transmitido al alumno de tal manera que él lo comprenda, que lo guíe a la aceptación y la convicción, y que asegure una respuesta en acciones. Por tanto, los métodos deben usarse siempre en armonía con los principios de la enseñanza.

6.- El Método de Preguntas y Respuestas

Los maestros tienen una sola razón para enseñar, y es la de ayudar a otros a aprender. El uso inteligente de preguntas efectivas puede ser una de las mejores ayudas en este proceso de la enseñanza y el aprendizaje. A continuación tenemos una lista de algunos de los principios del aprendizaje y la manera cómo las preguntas pueden relacionarse con estos principios.

(1) La actividad mental es esencial para aprender. Las buenas preguntas estimulan la actividad mental del estudiante y esto lo conduce a aprender.

(2) Descubrir, esto es, guiar a los alumnos a adquirir ideas nuevas, es una parte vital del aprendizaje. Las preguntas pueden ser usadas para guiar al estudiante en este proceso de descubrir y de esta manera se contribuye a su aprendizaje.

(3) La solución de problemas está íntimamente relacionada con el aprendizaje. Una pregunta que presente un problema, invita al estudiante a buscar una respuesta o solución.

Preguntas que hayan sido cuidadosamente seleccionadas y usadas apropiadamente podrán ser de gran ayuda en el proceso de la enseñanza y el aprendizaje. El maestro eficiente sabrá cómo usar el método de preguntas y respuestas con sus alumnos.

Tipos de Preguntas

En muchos maestros existe la tendencia de usar sólo un tipo de preguntas, lo cual, por supuesto, produce monotonía en la enseñanza. El maestro hará bien en considerar los siguientes tipos de preguntas y procurar proyectar preguntas usando estos diferentes tipos al preparar su lección del próximo domingo.

Preguntas relacionadas a hechos.— Es probable que los maestros usen este tipo de preguntas más que cualquier otro. Tal tipo tiene por objeto principal averiguar los hechos y la información que conoce el alumno, o llevarlo hacia el dominio de mayores conocimientos. Esta es una manera valiosa y completamente legítima de usar las preguntas. Esta categorización de preguntas tiene carácter general y puede ser dividida en subtipos tales como:

(1) *De definición.*— En este tipo de preguntas la persona necesita usar el conocimiento que tiene para definir o explicar algo. Por ejemplo: ¿Qué quiere decir la palabra "evangelio"?

(2) *De procedencia.*— Este tipo de preguntas se relaciona con el hecho de establecer ciertas cosas. Ejemplo: ¿Dónde se encuentra la relación más completa del nacimiento de Jesús?

(3) *De quién, qué, cuándo, dónde.*— Este es probablemente uno de los tipos más comunes de preguntas relacionadas con hechos, y uno de los más importantes. Ejemplo: ¿Quiénes eran los fariseos? ¿Qué creían los saduceos sobre la resurrección? ¿Cuándo comenzó el destierro de los israelitas? ¿Dónde vivía Jesús después que salió de Nazaret?

(4) *De clasificación.*— Esta clase de preguntas tiene el objeto de guiar a los alumnos en la organización de los conocimientos y datos que tienen, dentro de algún tipo de clasificación. Por ejemplo: Hacer una lista de los reyes del reino del sur, de Israel, que fueron predominantemente buenos, y de los que fueron igualmente malos.

(5) *De ejercicio de memorización, o repaso.*— Estas preguntas ayudan a los alumnos a retener firmemente en la memoria los datos que ellos han estudiado. Por ejemplo: ¿Quién puede repetir los libros de la Biblia?

Preguntas de reflexión.— Estas preguntas tienen el propósito de estimular a los alumnos a pensar, a buscar opiniones y a dirigirlos hacia una mayor comprensión. Los maestros necesitan prestar mayor atención a este tipo de preguntas ya que con frecuencia las han descuidado. Esta categorización general puede también dividirse en subtipos.

(1) *Para estimular la reflexión.*— Hay preguntas que estimulan a la clase a pensar. De esta manera los alumnos pueden ser guiados hacia ideas nuevas y más profundas, lo cual es uno de los propósitos primordiales de la enseñanza. Se oirá decir a los alumnos: "Nunca había pensado de esta manera antes" o "no se me había ocurrido considerar este ángulo del asunto antes." Por ejemplo: ¿Está mal ir a un partido de beisbol el día domingo? ¿Por qué sí, o por qué no?

(2) *Para profundizar la comprensión.*— A través de este tipo de preguntas el maestro procura determinar cuánta comprensión tiene el alumno en cierta área. Las preguntas que se relacionan a la comprensión son principalmente de dos tipos:

a. *De significado.*— Hay preguntas que tienen el propósito de determinar si el alumno ha comprendido el significado de la porción de las Escrituras que se está estudiando. Este es un tipo de preguntas muy importante puesto que a menudo los maestros dan por sentado que los alumnos de su clase saben el significado del pasaje bíblico, cuando en realidad no es así. Por ejemplo: una de las bienaventuranzas dice: "Bienaventurados los pobres en espíritu." ¿Qué quiere decir esto?

b. *De relación con la vida.*— Este tipo de preguntas tiene también que ver con la comprensión del significado, pero va un poco más adelante. Procura determinar si la persona encuentra alguna relación entre el pasaje que se está estudiando y su experiencia personal en el presente. Esta es otra área de suma importancia en la que el maestro frecuentemente también supone que los alumnos han entendido cuando no es así. El maestro debiera usar con más frecuencia preguntas que lleven a los alumnos a expresar si han comprendido la relación que existe entre la Biblia y su propia vida. Por ejemplo: la Biblia nos dice que debiéramos amar a nuestros enemigos. ¿Pueden ustedes pensar en alguna experiencia personal a la que puedan aplicar este versículo?

(3) *Para aclarar ideas.*— Muchas veces los datos que tienen los alumnos, o las ideas que expresan, son vagas. Hay preguntas que el maestro debe usar para que sus alumnos lleguen a aclarar sus ideas. El propósito del maestro aquí no es lanzar un desafío a la posición del alumno, sino más bien ayudarlo a aclarar sus ideas, de modo que esté seguro que cree lo que dice, o darle una oportunidad de modificar sus exposiciones. Después que la persona ha expresado su idea, el maestro puede exponer un problema y preguntar cómo reaccionaría una persona frente a este problema. Por ejemplo: una persona dice: "Yo creo en la completa separación de la iglesia y el estado." Entonces el maestro puede preguntar: "¿Eso quiere decir que usted está en contra de que el gobierno sostenga capellanes en el ejército?"

Estimulando la Reflexión

Puesto que por regla general los maestros tienen mayor experiencia en formular preguntas relacionadas con hechos, y siendo así que ellos necesitan animarse a prestar mayor atención a las preguntas de carácter reflexivo, puede ser de gran ayuda considerar algunos medios específicos a través de los cuales los maestros pueden estimular la reflexión.

Resumir.— El maestro puede pedir a uno de los alumnos que resuma la discusión hasta el punto que se ha llegado. Esto no será útil sólo para el alumno a quien se le ha pedido que lo haga, sino también para toda la clase, ya que con frecuencia se presentan ideas que no han sido específicamente resumidas, y las discusiones de la clase terminan en conceptos vagos. Por ejemplo: María, ¿quisiera usted resumir todo lo que se ha dicho hasta este punto?

Comparar.— El maestro puede pedir a un alumno que haga comparaciones o presente contrastes. Por ejemplo: compare usted las condiciones sociales de los días de Amós con las de nuestro país en nuestros días.

Presentar proposiciones generales.— Puede el maestro presentar una proposición general y pedir a los alumnos que den ejemplos en base a ese tema. Por ejemplo: Jesús dice que debemos amar a nuestro prójimo como a nosotros mismos. ¿Pueden ustedes darme algunos ejemplos de lo que debiéramos hacer si queremos poner en práctica esta enseñanza?

Predecir consecuencias.— El maestro puede exponer una situación dada y pedir a un alumno que prediga las posibles consecuencias. Ejemplo: Juanito está terminando de rastrillar las hojas secas de su patio y está amontonándolas, cuando pasa Ricardo corriendo por sobre el montón, pateando las hojas y desparramándolas por todo el patio. Si Juanito lo persigue y le pega, ¿qué cree usted que pasará? ¿De qué otra manera o maneras puede el muchacho reaccionar? ¿Qué cree usted que pasará entonces? Si Juanito está procurando ser un "pacificador", ¿qué debiera hacer él?

Resolver problemas.— El maestro puede guiar a los alumnos a resolver problemas, ya sea en forma individual o en grupo. Ejemplo: Samuel se ha excedido en el gasto de su asignación semanal, pero sus padres le han dicho que bajo ninguna circunstancia le adelantarán su asignación siguiente. Esta semana ha gastado ya casi todo su dinero; sólo le quedan veinte centavos, y los diez centavos que son su diezmo para la iglesia; el sábado por la noche lo llama su mejor amigo para pedirle que vayan juntos al cine, pero el cine cuesta treinta centavos. ¿Qué puede hacer Samuel?

Mejorando las Preguntas

¿Cómo puede el maestro mejorar la calidad de las preguntas? A continuación ofrecemos unas sugerencias simples y prácticas que pueden serle de ayuda al maestro.

Dominar el material.— Tener dominio del material que se enseña no es cosa fácil y, sin embargo, es básico. Muchos maestros se privan de hacer preguntas, sólo por el temor de que los alumnos, a su vez, le hagan preguntas que no pueda contestar. Estos maestros necesitan darse cuenta que lo primero que un buen maestro debe aprender es decir: "no sé", sin avergonzarse. Por otra parte, es esencial que tenga cierto dominio del material que enseña. Si el maestro tiene que usar todo su tiempo y su energía mental buscando datos poco importantes y pequeñas porciones de material para llenar su período de clases, le queda poco o no le queda tiempo ni energía para planear diferentes e interesantes maneras de llevar a sus alumnos hacia el discernimiento, comprensión y dominio del material.

Planear cuidadosamente.— Durante la preparación de la lección, el maestro debe planear cuidadosamente las preguntas que va a usar. Si el maestro no está habituado a hacer preguntas en la clase, probablemente necesitará escribir en el plan de su lección prácticamente todas las preguntas que quiera hacer. Después que haya adquirido experiencia en esta área, quizás necesite anotar solamente la pregunta clave y dejar que las otras preguntas surjan de la discusión misma de la clase.

Tener claridad.— Es obvio que una buena pregunta tiene que ser clara para los alumnos. En este caso, como en el anterior, es igualmente una buena disciplina escribir las preguntas. ¿Tiene la pregunta el sentido exacto de lo que el maestro quiere interrogar? ¿Es bastante clara para los alumnos? Si el maestro hace una pregunta y luego tiene que repetirla en otras palabras para hacerla comprensible o explicarla, quiere decir que no es una buena pregunta.

Ser breve.— Las preguntas no deben ser largas y complicadas, sino, por el contrario, deben ser bastante breves como para que los alumnos las recuerden.

Preguntas para sí y no.— El maestro debiera guardarse del uso excesivo de preguntas que puedan contestarse con un simple sí o no. Esto no quiere decir que no deban usarse nunca; sin embargo, tales preguntas no tienen tanto valor para servir de "guías" en una clase de discusión como tendrían otros tipos de preguntas.

Usar más preguntas de reflexión.— Si queremos establecer el asunto negativamente, digamos: evítese el uso excesivo de preguntas basadas en hechos. Tales preguntas son muy importantes y de mucho valor; sin embargo, la experiencia ha demostrado que cuando los maestros hacen preguntas, frecuentemente son preguntas relacionadas con hechos. La sugerencia aquí es que el maestro conscientemente debe hacer más preguntas de reflexión.

Tiempo para pensar.— Cuando el maestro hace a los alumnos una buena pregunta, debe darles un tiempo prudencial para pensar antes que respondan.

Incluir a todos los alumnos.— Esto, realmente, involucra dos ideas. Primero: cuando se hace una pregunta, ésta debiera ser un desafío a la atención y reflexión de cada uno de los alumnos en la clase. Esto puede hacerse simplemente dirigiendo la pregunta a la clase en general, antes de permitir que alguien voluntariamente dé la respuesta, o antes de señalar a una persona determinada para que la dé. Por ejemplo: "¿Por qué creen ustedes que es más difícil vivir una vida cristiana en nuestros días, que cuando nuestros abuelos fueron niños?" "¿Qué crees, José?" en vez de "José, ¿por qué crees que es más difícil vivir una vida cristiana en nuestros días, que cuando nuestros abuelos fueron niños?" En segundo lugar, atráigase el interés de los alumnos tímidos, haciéndoles preguntas sencillas para hacerles así partícipes de la clase.

Planear las preguntas.— El maestro debe tener en cuenta dos cosas: (1) La edad y
(2) El conocimiento y la experiencia previos de los alumnos. Las preguntas no deben ser tan fáciles que ofendan la inteligencia de los alumnos, o tan obvias que no justifiquen una respuesta.

La falta de respuestas.— Esta es una queja común de muchos maestros: "No consigo que mis alumnos digan nada cuando hago una pregunta." Si se presenta tal situación, lo primero que el maestro tiene que hacer es analizar el tipo de preguntas que ha estado haciendo hasta entonces. Es muy probable que la mayoría de sus preguntas hayan estado relacionadas con hechos. Si es así, es posible que los alumnos no respondan porque no saben. Quizás no estén seguros de la respuesta y se sientan indecisos de hablar por temor a estar equivocados. Para superar esta situación, el maestro debe procurar hacer más preguntas de reflexión. Debiera también tratar de proyectar estas preguntas de modo que tengan un interés real para los alumnos a la vez que estén de acuerdo con su edad y su experiencia.

Las Preguntas de los Alumnos

Es mucho más importante que el maestro conteste las preguntas de los alumnos en vez de que ellos contesten las del maestro.

Estimulando a los alumnos a hacer preguntas.— Algunos maestros dicen que no pueden conseguir que sus alumnos hagan preguntas. Se pueden mencionar por lo menos dos razones para esta situación. Primero: La experiencia que han tenido los alumnos en la escuela dominical en el pasado, puede haberles enseñado que se espera que ellos permanezcan callados y escuchen. Han estado haciendo esto por tanto tiempo, que se ha vuelto en ellos un hábito. Si este es el caso, el maestro deberá tener mucha paciencia mientras procura ayudar a los alumnos a cultivar un nuevo hábito de participación en la discusión o diálogo de la clase. Una segunda razón puede ser que los alumnos no tienen suficiente interés en lo que está enseñando el maestro, para hacerle preguntas al respecto. Esto señala que la enseñanza no ha sido real para ellos en relación con su vida y sus experiencias.

A veces el maestro, procurando estimular en los alumnos el interés de hacer preguntas, dice: "¿Tienen ustedes alguna pregunta con respecto a esto?" Si bien esto algunas veces dará como resultado una pregunta, las más de las veces no sucederá así. El maestro debe estar prevenido para no depender de esto exclusivamente.

Por sobre todo, la manera más efectiva de estimular a los alumnos a formular preguntas, es hacer que la lección resulte tan real para ellos, tan estrechamente ligada al lugar donde viven, tan relacionada con algunos problemas que ellos enfrentan, que las preguntas surgirán naturalmente. Esto quiere decir que tanto la enseñanza como las preguntas del maestro deben ser cuidadosamente planeadas en relación con la vida y las experiencias personales de los alumnos.

La actitud del maestro.- La actitud del maestro es muy importante en lo que se refiere a estimular a los alumnos a formular preguntas. Los alumnos pueden percibir si es que al maestro le molestan las preguntas, o si, por el contrario, le agradan; y actúan de acuerdo a este ambiente. No es suficiente que el maestro invite simplemente a los alumnos a hacer preguntas; toda su actitud y su manera de enseñar deben demostrar que da buena acogida a las preguntas; de otra manera, los alumnos quedarán en silencio. El maestro debe considerar con respeto cada pregunta seria, y darle el tiempo que su importancia justifica.

Preguntas fuera del tema.- ¿Debe o no contestar el maestro preguntas que no estén relacionadas con el tema? ¿Pudiera apartarse de la lección completamente en algún caso? Realmente es aquí donde entra el arte de la enseñanza. No hay reglas que puedan guiar al maestro en cada una de las situaciones que se presentan. Sin embargo, a continuación ofrecemos tres preguntas que el maestro debe considerar para determinar el tiempo que debe dedicar a responder una pregunta que está fuera del tema. El maestro debe contestar esta prueba de preguntas en el escaso tiempo que media entre la pregunta del alumno y el momento en que él empieza a responderle. Estas respuestas no pueden ser conclusiones razonadas; el maestro casi debe sentir la respuesta.

(1) ¿Es la pregunta importante para quien la formula? Algunas veces un alumno prorrumpe con una pregunta que no tiene ninguna relación con la lección, pero que le ha estado molestando por mucho tiempo. Esta pregunta revela una inequívoca y profunda necesidad. Quiere la respuesta en ese momento y, por supuesto, la mejor oportunidad que tiene el maestro para contestarla es en ese momento. En cambio, un alumno puede hacer una pregunta por el mero hecho de preguntar. A veces alguien hará una pergunta simplemente con la intención de iniciar un argumento en relación con la respuesta. Otras veces puede ser que la pregunta haya surgido de pronto en su mente, pero que no esté seriamente interesado en la respuesta. El maestro debe considerar si la pregunta es, realmente, importante para la persona que la formula.

(2) ¿Merece la pregunta una seria consideración? La naturaleza misma de ésta ayudará al maestro a determinar cuánto tiempo y atención debe dar a la respuesta. Ciertamente, hay preguntas bastante superficiales que sólo merecen una respuesta superficial. En cambio, otras preguntas tocan directamente el nervio mismo de la vida y la religión. La pregunta puede revelar la existencia de un serio obstáculo en la comprensión y crecimiento cristianos del individuo. Puede ser que la pregunta esté relacionada con alguna situación que el alumno está confrontando en su experiencia personal, y está buscando ayuda, tratando de encontrar una actitud cristiana o una manera de proceder.

(3) ¿Tiene la pregunta importancia para los demás alumnos de la clase? Si la pregunta tiene carácter muy personal, tanto que sólo concierna a la persona que la formula, sería prudente que el maestro sugiriera una charla privada después de la clase. En cambio, pudiera ser que un alumno haga una pregunta que sea de interés vital para toda la clase. Puede tratarse de una pregunta teológica que haya sido formulada por algún profesor en la clase de ciencias, en

el Liceo o Colegio Secundario; o puede ser que naya surgido algún problema en la comunidad y los alumnos están procurando encontrar la actitud cristiana frente al problema.

Si la respuesta a estas tres preguntas es *no*, el maestro debe contestar brevemente y volver directamente a la lección. Pero si la respuesta a cualquiera de las preguntas anteriores es *sí*, el maestro ha de determinar cuánto debe tomar para contestar las preguntas. Habrá veces cuando la pregunta sea tan importante para los alumnos que la lección correspondiente a ese día, pudiera ser dejada de lado completamente para llevar a la clase a buscar la respuesta. Tales preguntas proporcionan una magnífica oportunidad para enseñar. Aunque es probable que sean rarísimas las oportunidades cuando el maestro tenga que abandonar por completo la lección preparada. Es mucho más probable que la mayoría de las preguntas que surjan puedan ser contestadas dentro del marco de la lección regular. Pero recordemos que es siempre mucho más importante que el maestro conteste las preguntas de los alumnos en vez de que ellos contesten las del maestro.

Guía para la Preparación de la Lección

El superintendente guiará a los maestros mientras ellos preparan la lección del domingo próximo. Será de gran ayuda para ellos que él presente el bosquejo de este capítulo en la pizarra. Cada maestro necesitará tomar nota especialmente de las preguntas que se han planeado. ¿Hay un número suficiente de preguntas como para asegurar el interés y la participación de parte de toda la clase?

El superintendente ayudará a cada maestro a analizar y evaluar sus preguntas en base a lo siguiente:

(1) ¿Cuántas pueden ser contestadas con sólo un sí o un no?

(2) ¿Son breves?

(3) ¿Son claras?

(4) ¿Cuáles de las preguntas están basadas en hechos?

(5) ¿Qué tipo de preguntas relacionadas con hechos se han de hacer? ¿De definición? ¿De procedencia? ¿De quién, qué, cuándo, dónde? ¿De clasificación? ¿De ejercicio de memorización o revisión? ¿Otras? El maestro debe asegurarse de que no se está excediendo en ningún tipo.

(6) ¿Cuáles son las preguntas de reflexión?

(7) Son estas preguntas principalmente para: ¿Estimular la reflexión? ¿profundizar la comprensión? ¿aclarar ideas?

(8) ¿Qué tipo de preguntas de reflexión se harán? ¿De resumen? ¿De comparación? ¿De proposiciones generales? ¿De predicción de consecuencias? ¿De solución de problemas? ¿Otras? El maestro necesita usar varios tipos.

7. El Método de la Discusión

Se está comprobando que el método de la discusión o diálogo es uno de los más populares y provechosos en la enseñanza. A la gente le gusta hablar; y ésta es una verdad tanto entre hombres como entre mujeres, muchachos como muchachas. Hablar del tiempo, de política, de producción, de la última moda, de sombreros, de deportes y de todo lo demás.

A través del estudio de la Biblia, cada domingo, el maestro quisiera poder ayudar a sus alumnos a resolver los problemas que ellos enfrentan cada día, y a tomar decisiones de la manera más cristiana posible. Pero, ¿cómo puede ayudar a estos alumnos, a menos que les permita expresar lo que ellos piensan? El uso del método de la discusión dará a cada uno la oportunidad de compartir sus ideas y su experiencia con los demás. En una buena discusión se intercambian opiniones, se aclaran ideas, se forman actitudes, se hacen decisiones. Además, el uso de este método ganará el interés de la clase de una manera que casi ninguna otra cosa lo hará. Una buena discusión puede cambiar una clase aburrida y árida en una experiencia vívida, llena de brillo y significado. El buen maestro ha de usar este método muy a menudo en su enseñanza.

El Método de la Discusión

Una discusión es la acción de escudriñar la verdad en forma conjunta en busca de la solución de un problema. No quiere decir que el maestro esté empleando el método de discusión o diálogo, por el solo hecho de que los alumnos hablen. A menos que haya implicado un problema, y a menos que el grupo esté buscando activa y unánimemente la solución al problema, compartiendo ideas y experiencias, el maestro no está usando el método de la discusión.

Una discusión no es un debate. A veces el maestro presenta un problema, pero la clase en vez de entrar en una discusión se entrega a un debate. El maestro y la clase deben entender claramente la diferencia que existe entre una discusión y un debate.

¿Cuáles son las diferencias que hay entre una discusión y un debate?

1. Una discusión expresa puntos de vista individuales; un debate defiende una posición formal que se ha tomado.
2. Una discusión busca ideas nuevas; un debate busca probar un punto de vista.
3. Una discusión es una investigación conjunta de la verdad; un debate procura ganar un argumento.
4. Una discusión presenta varias alternativas; un debate presenta sólo dos.
5. Una discusión no puede nunca tornarse personal; en cambio, un debate sí.
6. Una discusión involucra la comprensión de otros puntos de vista; en un debate se refutan puntos de vista contrarios a la posición que uno ha tomado.
7. Una discusión permite una participación ilimitada de parte de los alumnos, mientras que en un debate la participación es limitada.
8. Una discusión es informal; un debate es formal. (Si el debate es informal se convierte en argumento.)

Una discusión es una cooperación conjunta de parte de todos los alumnos en busca de la verdad. Puede ser que la clase esté encarando un problema como éste: ¿Qué podemos hacer para conseguir que nuestros hogares sean más cristianos? El propósito de una discusión en este caso no es para probar un punto de vista, o ganar un argumento, sino exponer abiertamente todos los hechos e ideas pertinentes que tengan los alumnos, para que sean oídos y considerados por todos. Ninguna persona tiene toda la verdad; es probable que cada una tenga algo de la verdad. Por lo tanto, es importante que cada alumno participe. En la discusión cada persona procura llegar a una conclusión o decisión, evaluando las diferentes ideas y puntos de vista. Este proceso de evaluación de diferentes puntos de vista es de inapreciable valor en la enseñanza cristiana. Forma la base de decisiones inteligentes, y estas decisiones tienden a transformarse en actitudes que dirigen acciones y modelan vidas.

Es claro que la edad del grupo influirá tanto en la naturaleza del problema, como en la función que debe desempeñar el maestro en la discusión. Con primarios e intermedios, el problema será muy simple y el tiempo dado para la discusión relativamente breve. El maestro necesitará dar mucha orientación a estos grupos. Con jóvenes y adultos, los problemas se hacen más complejos y se necesitará más tiempo para una discusión adecuada. Con grupos de mayor edad se puede también dar mayor libertad a la clase en su discusión.

Factores que Comprende una Buena Discusión

El problema.— Hay varios factores que son necesarios para que una discusión sea provechosa. Primero, la clase debe confrontar un problema "auténtico". La palabra "auténtico" es muy importante. El maestro no pretenderá conseguir una animada discusión sobre un asunto que no represente ningún problema para el grupo. No debe ser un problema ficticio. Debe ser un tema de discusión real y vívido que represente alternativas. Algunos maestros se quejan de que sencillamente no pueden conseguir que sus alumnos lleven a cabo una "discusión". Esto puede deberse a que el maestro no está relacionándola con temas religiosos o sociales que verdaderamente tengan realismo para los alumnos. El maestro debe reconocer la diferencia que existe entre su interés personal y el interés del alumno. El puede estar profundamente interesado en un determinado problema, como resultado de sus estudios y los antecedentes de su experiencia, pero quizás sus alumnos no tengan absolutamente ningún interés en el mismo. Puede ser que el problema sea tan importante que el maestro tenga que hacer lo posible por despertar la conciencia del grupo en el problema. Pero aún queda establecido que hasta que el problema no tenga importancia vital para el grupo, el maestro no conseguirá una discusión provechosa y significativa.

Esto plantea una segunda consideración de importancia. El problema debe ser *sentido y aceptado* por el grupo como su propio problema. A menudo la tarea del maestro será hacer que los alumnos reconozcan o identifiquen algunos problemas en su propia vida, que no hayan sido enfocados o sentidos todavía. Por ejemplo, la lección puede estar basada en el tema: "Las cosas de mayor importancia". Este tema ofrece naturalmente enormes oportunidades para una animada discusión. ¿Creen realmente los alumnos que las cosas espirituales son las de mayor importancia? Entonces, ¿cuáles son las implicaciones de este hecho en la vida de ellos? Aquí el maestro a través de una discusión dirigida, tiene la oportunidad de tocar muchos aspectos en la vida de sus alumnos, en los que Jesús no tiene el primer lugar. Pero cada alumno debe ser guiado a aceptarlo como su propio y personal problema, antes que pueda verse envuelto en una animada discusión. Si el maestro planea usar el método de la discusión, no se podrá dar mucho énfasis a la naturaleza del problema.

Hay varios tipos diferentes de problemas con los cuales conviene que el maestro enfrente a sus alumnos, cuando está procurando ayudarlos a crecer en su experiencia cristiana. Hay el tipo que se podría denominar "¿Qué hacer?" "¿Qué podríamos hacer para ayudar a los jóvenes de nuestra iglesia?" Este tipo de problema no solamente abre el camino a una discusión, sino también a la acción. El maestro no ha completado su enseñanza si todo lo que hace es estimular a la clase a hablar del problema; si se requiere acción, debe ser acción lo que venga en seguida de la lección.

Otro tipo podría llamarse "¿Cómo hacerlo?" "¿Cómo podemos tener más reverencia en nuestros cultos de adoración?" Este tipo requiere también tanto de discusión como de acción. Hay un tipo "intelectual". "¿Creen en la resurrección física?" Hay el tipo de "actitud". "¿Cuál debe ser la actitud cristiana hacia los grupos minoritarios?" El maestro necesitará conocer a sus alumnos tan íntimamente, de modo que sepa los problemas que ellos están confrontando. Sólo de este modo puede lograr que su enseñanza sea verdaderamente personal para ellos.

La actitud del maestro.— Un segundo factor importante en cualquier discusión que sea buena, es la actitud del maestro. Esta actitud no está limitada al tiempo durante el cual se desarrolla la discusión, sino que incluye la actitud que el maestro ha adoptado en toda su enseñanza previa. La relación general que existe entre el maestro y sus alumnos es muy importante.

Al usar especialmente el método de discusión, el maestro debiera mantener una actitud escudriñadora. La discusión es una acción conjunta de escudriñar la verdad. El maestro es uno de estos investigadores; él debe reconocer que los alumnos tienen ideas valiosas como también experiencias, y debiera animarlos a compartir sus puntos de vista e ideas con todos los demás. Claro está que el maestro mismo tiene puntos de vista que son valiosos y debiera sentirse completamente libre de compartirlos con la clase. Ciertamente, como maestro, está en la obligación de hacerlo. Pero el hecho de ser maestro no lo hace poseedor de toda la verdad, ni tampoco le permite tener necesariamente la última palabra.

El maestro debe dar a conocer que acoge de buena gana todos los puntos de vista, aun cuando éstos difieran de los suyos propios. Debe respetar la opinión de sus alumnos aun si no está de acuerdo con ellos. Nunca debiera escandalizarse por ninguna declaración que haga ningún alumno. Los alumnos deben sentir que el interés y la comprensión del maestro son genuinos. Bienaventurado el maestro que ha ganado la confianza de sus alumnos. Eso no se consigue de la noche a la mañana.

La actitud de los alumnos.— La actitud que toman los alumnos en una discusión dependerá en gran manera de la actitud que el maestro haya demostrado durante toda su enseñanza previa. Es necesario notar dos cosas con relación a la actitud de los alumnos en una clase de discusión. Primero, debe permitírseles manifestar su verdadera actitud. Muchas veces los alumnos no dicen lo que realmente piensan; simplemente responden lo que creen que el maestro quiere que respondan. Los maestros a través de su manera total de enseñar, deben animar a sus alumnos a ser más honestos en expresar sus verdaderos puntos de vista en la escuela dominical. Pero algunos maestros no lo hacen; ellos quieren que los alumnos den la respuesta "correcta", y los alumnos saben cuál es la respuesta correcta y la dan. Lo lamentable es que cuando estos alumnos se enfrentan con problemas reales, ellos toman sus determinaciones en base a lo que verdaderamente creen pero que no expresaron en la escuela dominical.

Intimamente relacionada con la actitud de libertad de expresión, está una segunda libertad; la que debe tener el alumno como individuo de discrepar con otros, aun si es el maestro mismo, el cual debe estar dispuesto a permitir que otros estén en desacuerdo con él sin incomodarse. A menudo el maestro tiende a dominar la clase a tal punto que si un alumno se atreve a expresar su desacuerdo con él o con otro alumno, la atmósfera de la clase inmediatamente se pone tensa. Esto es realmente lamentable. Todos los alumnos debieran sentirse libres de expresar sus opiniones. Sólo de esta manera pueden considerarse todos los puntos de vista.

Es completamente posible mantener un espíritu y una actitud cristianos durante una clase, aun si los alumnos tienen desacuerdos. La discusión es una búsqueda conjunta de la verdad. Es necesario que cada alumno trate de entender otros puntos de vista. Cada uno debe dar una evaluación imparcial, justa y objetiva de cada uno de los puntos de vista que sean presentados aunque éstos difieran de los suyos propios. Es en este intercambio de ideas y puntos de vista que difieren entre sí, que una persona aumenta realmente su discernimiento. Es a través de tal compartimiento de ideas que una persona puede llegar a una comprensión más profunda de la verdad.

La disposición de los asientos.— Para tener una buena discusión, es importante la manera cómo se dispongan los asientos de los alumnos en la clase. Para toda la enseñanza, sería mejor si el antiguo sistema tan formal de sentar a los alumnos en filas, fuera eliminado completamente. Cuando los alumnos se sientan en filas casi invariablemente da como resultado una clase dominada por el maestro; mientras que disponiendo los asientos en círculo, la clase ofrece una situación mucho mejor para la enseñanza. Es casi necesario tener sentados a los alumnos en un círculo para crear una atmósfera propicia para una discusión animada.

Este arreglo informal de los asientos hace que la participación de los alumnos sea mucho más natural.

Puesto que una discusión es el intercambio de ideas y experiencias entre todos los alumnos, es posible que el maestro tenga interés de tomar nota de lo siguiente:

(1) ¿Cuántos alumnos participan? En una clase pequeña de intermedios, probablemente todos tomarán parte. En una clase de adultos con una asistencia promedio de veinte personas, puede ser que no todos hagan una contribución (aunque es posible que sí). Sin embargo, el maestro procurará asegurar toda la participación posible.

(2) ¿Qué proporción de las preguntas son formuladas por el maestro? El maestro es el líder de la discusión, y de vez en cuando querrá hacer preguntas pertinentes y apropiadas. Estas son las preguntas que él tendrá que planear durante el período de preparación.

(3) ¿Qué proporción de las preguntas son formuladas por los alumnos? Si la discusión es verdaderamente significativa para los

alumnos, surgirán preguntas en la mente de ellos. Cuantas más preguntas procedan de los alumnos, tanto más significativa será la discusión.

(4) ¿Qué proporción de las preguntas son contestadas por el maestro? Algunas veces los alumnos querrán saber qué piensa el maestro y le harán preguntas a él; es claro que aunque se trate de una discusión, él sigue siendo el maestro y debiera sentirse completamente libre de participar y compartir sus propios puntos de vista y sus ideas, aunque debiera guardarse de tratar de dominar la discusión.

(5) ¿Qué proporción de las preguntas son contestadas por los alumnos? No se espera que el maestro sepa todas las respuestas, ni tampoco se espera que conteste todas las preguntas. Muchas veces las preguntas que hagan los alumnos han de ser contestadas por otros alumnos.

Tipos de Discusión

Ahora es tiempo de considerar la naturaleza de la discusión misma. ¿Cuáles son las partes esenciales de una discusión? ¿Qué utilidad tiene un plan para una discusión? Al tratar de entender la naturaleza de una discusión, el maestro deberá reconocer que hay dos tipos de discusión; aunque a menudo no se hace esta distinción.

La discusión estructurada.— La discusión estructurada es un procedimiento relativamente formal usado para considerar un problema de mucha importancia acerca del cual hay una significativa diferencia de opinión. Nótense los tres factores que se establecen en esta cláusula: Primero, tiene que ser un problema de mucha importancia. Esto quiere decir que el problema debe ser tan grande en alcance, como importante en términos del interés del grupo.

Es probable que una discusión de este tipo ocupe todo el tiempo de la clase. Por ejemplo, el problema: "¿Es el baile malo?", es un gran problema con el cual casi todos los intermedios y los jóvenes tienen que enfrentarse de una manera u otra. Este problema es grande en alcance como en importancia para grupos de estas edades. Segundo, debe ser un problema acerca del cual hay la probabilidad de que exista una significativa diferencia de opinión en el grupo. Si hay un acuerdo general respecto del problema habrá poca o ninguna discusión.

En tercer lugar, la discusión estructurada sigue un procedimiento relativamente formal. Hay ciertos pasos prescritos que el maestro debe observar. Estos han sido establecidos de varias maneras, pero todos están basados en la exposición de los pasos en la solución de problemas de John Dewey. Se sugieren los pasos siguientes:

(1) *Establecer el problema.—* ¿Es malo el baile para un cristiano?

(2) *Definir el problema.—* La definición puede proseguir a través de la discusión mientras el grupo dice: "Queremos decir esto y no aquello." Sin embargo, debe hacerse una definición de las palabras que pudieran ser mal interpretadas o que quieren significar diferentes cosas para diferentes personas; esto se hará al iniciarse la discusión. ¿Qué se quiere decir por "bailar"? ¿Incluye esto cualquier y todo tipo de baile? ¿Hay una diferencia entre bailes de diferentes tipos, como baile folklórico, baile de cuadrillas, baile de ballet u otro tipo de baile profesional y artístico, baile en salones públicos? ¿Qué se entiende por "malo"? ¿Es moralmente malo? ¿Es malo por los resultados que pueda tener? ¿No es moralmente malo para el individuo, pero sí lo es en el sentido de que puede afectar su influencia?

(3) *Discutir principios.—* Es aquí donde debiera estudiarse la Biblia para una comprensión de los principios cristianos pertinentes. Es aquí también donde los alumnos debieran expresar sus puntos de vista relacionados con el problema.

(4) *Identificar posibles soluciones.—* Después que el problema ha sido discutido lo suficiente, el maestro (o el alumno al que le haya pedido el maestro) resumirá los puntos de vista que hayan sido expresados y establecerá las diferentes soluciones que se hayan sugerido. Este paso de resumir e identificar las posibles soluciones es muy importante. De otro modo, el grupo puede continuar en una discusión vaga y confusa sin establecer ninguna sugerencia específica.

(5) *Evaluar las posibles soluciones.—* Es claro que este proceso de evaluación se va desarrollando en la mente de los alumnos a través de toda la discusión previa mientras se expresan diferentes puntos de vista; sin embargo, después que todas las posibles soluciones han sido identificadas, es bueno que el maestro lleve al grupo a una re-evaluación a la luz de la discusión total.

(6) *Decisión.—* Este es el clímax de toda la discusión. Las decisiones debieran hacerse en un espíritu de adoración. A lo largo de toda la discusión, y particularmente en este paso, el maestro debiera inducir a los alumnos a tener una profunda conciencia de su condición de cristianos y de que están para hacer su decisión a la luz de su total entrega cristiana, a la luz de su entendimiento del evangelio de Cristo, y bajo la dirección del Espíritu Santo.

Cada alumno debe tener completa libertad de hacer una decisión. El maestro no debe ejercer ningún tipo de presión para forzar a los alumnos a aceptar su punto de vista; si lo hace podrá lograr una aprobación verbal, pero la vida de los alumnos será dirigida por sus decisiones interiores las cuales no han sido expresadas en la clase.

Al final de una discusión el maestro debe inducir al grupo a hacer una decisión. El maestro debe atar los cabos sueltos de una discusión de una manera similar a la siguiente: Primero, si parece haber un acuerdo general como conclusión, el maestro puede preguntar: "¿Puede alguien establecer nuestra conclusión en el asunto, por favor?" Esta conclusión debe ser escrita en la pizarra para asegurarse de que dice exactamente lo que el grupo quiere que diga. Si es que el grupo quiere modificar esta conclusión para hacerla más exacta, la opinión del grupo será establecida más claramente. En segundo lugar, si parece haber diferencias de opinión entre los alumnos, hay que establecer las diferentes conclusiones. El maestro puede decir: "Parece que no estamos de acuerdo respecto de este asunto. ¿Quién puede establecer la conclusión de una de las posiciones? ¿Quién establecerá una conclusión diferente?" Estas conclusiones debieran ser escritas en la pizarra. La disciplina de tratar de establecer una posición de manera clara y precisa como para que pueda ser escrita, es muy útil para ordenar el concepto de cada alumno de manera individual como también de la clase en general.

(7) *Acción.*– Si es necesario que siga alguna acción a la decisión que se ha tomado el grupo deberá hacer planes para tal acción. Dependerá de la clase de problema que se está discutiendo para que haya necesidad de acción o no. Si se necesita acción, entonces este paso viene a ser el más importante de todos.

La discusión no estructurada.– La discusión no estructurada es la consideración de un problema o pregunta simple en el –o la– cual hay muy poca posibilidad de una diferencia de opinión que sea de importancia. Hay tres diferencias entre este tipo de discusión y la anteriormente presentada. Primero, el problema considerado en la discusión no estructurada es mucho más limitado en alcance. Una tiene que ver con un problema de importancia, la otra, con un problema relativamente menor. Segundo, la no estructurada es mucho más limitada en el tiempo que se le da. La una puede ocupar todo el período de clases, mientras que la otra puede tomar tres o cuatro minutos.

Tercero, la discusión no estructurada es de naturaleza mucho menos formal de por sí. No es imprescindible que se sigan al pie de la letra los pasos que más arriba se detallan. Esta es la clase de discusión que se ha usado más a menudo en nuestras escuelas dominicales. Aunque este tipo de discusión continuará probablemente siendo el que se use con más frecuencia, se sugiere enfáticamente que los maestros procuren hacer uso de la discusión estructurada, siguiendo los pasos que se indican y dedicándole todo el período de la clase.

La Función del Maestro

¿Cuál es la tarea y la responsabilidad del maestro que dirige una discusión?

Plan.– Debe hacer un plan cuidadoso de la discusión mientras prepara la lección. Las discusiones provechosas no surgen por ca-

El Metodo de la Discusion • 85

sualidad. Véase en las páginas 100-102 un ejemplo de la clase de preparación que el maestro necesita hacer.

Planteo del problema.— El tiene que plantearle el problema al grupo. En la presentación del problema hay tres cosas que él debe procurar hacer, primeramente: despertar el interés de los miembros de la clase; segundo: mostrarles la importancia del problema; tercero: guiar a los miembros de la clase a que se den cuenta de la relación que tiene el problema con su vida. De esta manera los miembros tienen que empaparse personalmente con el problema antes de poder entrar de lleno en una discusión provechosa.

Dirección.— El maestro debe servir de guía y es importante que dirija la discusión de la manera siguiente:

(1) *Mantenga la discusión "sobre la pista".*— A medida que se van expresando distintos puntos de vista, es fácil que el grupo se desvíe del problema principal y que se enrede en un intercambio de palabras sin finalidad alguna. Es la responsabilidad del maestro vigilar para que esto no suceda y si esto acontece, traer el grupo otra vez a la cuestión principal que se debate.

(2) *Conduzca al grupo de manera que se eviten los "callejones sin salida".*— Estos son algunos de los problemas de que es inútil que se ocupe la clase y el maestro con su madura experiencia debe ir llevando la clase de manera que se evite la pérdida de tiempo con estos asuntos.

(3) *Tome parte en la discusión.*— Como maestro y director de la discusión debe sentirse con libertad para expresar sus propias opiniones y hacer sus aportes personales.

(4) *Tenga cuidado de no dominar la discusión.*— Como maestro, ocupa una cierta posición. En algunas clases, cuando el maestro expresa su punto de vista, el grupo siente como si ya se hubiera dicho la última palabra sobre el asunto y el maestro debe cuidarse de evitar el cortar la discusión de esta manera.

Aclarar los problemas.— El maestro querrá que el grupo vea claramente las distintas cuestiones que el problema encierra y comprenda el significado de ellas.

Proporcionar la información necesaria.— Hasta donde le sea posible, el maestro tendrá a mano la información que la clase ha de necesitar al tratar el problema. No se puede esperar que el maestro lo sepa todo, pero él, sí, debe estudiar asiduamente para tener tanta información sobre el asunto como le sea posible.

Sopesar los distintos aspectos. El maestro se ocupará de que se le dé la debida consideración a todos los aspectos de la cuestión. El es el que tiene que llamar la atención a la información pertinente, aunque esa información sirva para robustecer una posición con la que él está en desacuerdo. Es evidente que él ha de respetar los puntos de vista expresados por todos los miembros de la clase.

Permitir la libertad debida. Para que el grupo tenga una discusión fructífera debe permitírsele una amplia libertad, pero con esto no se quiere significar una libertad sin freno para los miembros de la clase. La libertad debe ir equilibrada con la autoridad. Ninguna clase puede respetar a un maestro que en nombre de la libertad permita que la clase se convierta en un motín. Un factor importante aquí es la edad de los miembros de la clase. Con los primarios y los intermedios será necesario ejercer más autoridad. A los jóvenes se les permitirá más libertad y más a los adultos.

Estimular la participación de todos. El maestro se esforzará por dirigir de manera que participen en la discusión el mayor número posible de los miembros de la clase. Puede ser que algunos de ellos sean tímidos para hablar. El debe buscar la manera de atraerlos a la discusión sin abochornarlos. No siempre son los que más hablan los que hacen los aportes más valiosos. A menudo, es el individuo tímido o vacilante el que tiene algún concepto valioso que necesita compartir con la clase.

Evítese el monopolio. El maestro ha de estar en guardia para evitar que una persona o un grupito sea el que acapare la discusión y esto se puede hacer sin causar roces. El puede decir sencillamente: "Muchas gracias, señor ... Ahora vamos a oir lo que piensan los demás." Todos los comentarios deben ser breves y al punto.

Resumir la discusión. El maestro debe traer la discusión a una conclusión adecuada. Hay tres cosas que el maestro puede hacer a este respecto. En primer lugar, debe ir haciendo resúmenes a intervalos, durante la discusión, para realizar los puntos que se vayan señalando. Segundo, al finalizar la sesión de la clase puede pedirle una constancia clara de la conclusión a que hayan llegado si hay acuerdo general entre los miembros del grupo O, en el tercer caso, orientarlos para que cada grupo exprese sus conclusiones opuestas.

Distintos valores.

El método de la discusión ofrece numerosas ventajas en la enseñanza y en el aprendizaje. Vamos a enumerar algunas de ellas.

1. Lleva a los miembros a darse cuenta y a enfrentarse con algunos de los problemas con los cuales tienen que encararse como cristianos. El cristianismo va ligado a la vida y la vida está llena de problemas. Por lo tanto, estos problemas han de ser motivo de mayor preocupación para los maestros cristianos cuando están buscando la manera de ayudar con más eficiencia a crecer en la vida cristiana.

2. La discusión le da la oportunidad a una persona de obtener nueva información y más profundos conceptos de los puntos de vista expresados por los compañeros de clase y por el maestro.

3. Le da al individuo la oportunidad de estudiar las enseñanzas de la Biblia en relación con el problema con el cual se enfrenta en la vida. Esto hace que adquieran la Biblia y las enseñanzas del evangelio un significado mucho más amplio para él.

4. También le da una oportunidad de expresar y aclarar sus

propios puntos de vista a la luz de la discusión de toda la clase.
5. Esto le da una oportunidad para valorar y tal vez revisar sus propios puntos de vista a la luz de la discusión general.

Limitaciones. El método de la discusión tiene, como todos los demás métodos, sus limitaciones, algunas de las cuales pasaremos a enumerar.

1. Una discusión en una clase puede convertirse en una simple conversación sin finalidad alguna. Puede ser que no conduzca a ninguna conclusión positiva ni tampoco a una acción determinada, cuando ésta se haga necesaria. Sin embargo, la falta aquí recae sobre el maestro y no sobre el método.

2. Puede suceder que el grupo no tenga a su alcance la suficiente información para lanzarse a la discusión de determinado problema. La discusión sin que se disponga de la información necesaria o los datos pertinentes es mera palabrería.

3. La conclusión a que se llegue, tal vez no sea la correcta, aunque toda la clase esté de acuerdo con ella. La aprobación de los miembros no la hace correcta porque la conclusión a que se haya llegado puede haberse basado en la ignorancia, en el prejuicio, o en ambas cosas.

4. Tal vez el tiempo que se le ha asignado al estudio haya sido demasiado corto para darle la debida consideración al tema que se estudiaba. Este es asunto que el maestro tiene que decidir. El tiempo que se le dedica a la clase es precioso y a veces la manera más provechosa para emplearlo es dirigiendo la clase en una discusión. En otras oportunidades, el tiempo se empleará mucho mejor usando algún otro método.

5. Al terminar una discusión, tal vez la clase tenga todavía preguntas que han quedado sin contestar. En este caso, el maestro es el que tiene que decidir: (1) si habrá que obtener más información y tomar más tarde algún tiempo para discutir el problema, o (2) aceptar de momento las preguntas que han quedado sin contestar y pasar a otro tema de estudio. El tipo de preguntas que hayan quedado sin contestar son las que pesarán en esta decisión. El maestro tendrá necesidad de decidir si dichas preguntas son de profundo interés para el grupo y si hay una posibilidad razonable de encontrar una respuesta satisfactoria.

Guía para Preparar la Lección

Ha llegado el momento en que los maestros han de preparar su lección para el domingo. El superintendente deberá ayudarles a poner en práctica lo que han aprendido en el método de discusión.

1. ¿Será oportuno que los maestros busquen la manera de dirigir sus clases en una discusión sencilla o en una discusión formal, más organizada?

2. Los maestros también podrían discutir la actitud de los miembros de su clase con respecto a:

(1) Su pronta disposición a expresar francamente sus puntos de vista en una discusión.

(2) Su inclinación a estar en desacuerdo con otros miembros de la clase.

(3) El superintendente dirigirá a los maestros en el estudio de la lección y también en la decisión de cuál será el problema que se presentará para su discusión en la clase. Cada maestro escribirá el problema que considere oportuno, generalmente, es mejor que se presente en forma de pregunta. Todos los maestros, en grupo, habrán de valorizar cada uno de los problemas que hayan redactado, haciéndose las siguientes preguntas:

(1) ¿Está de acuerdo con la experiencia real del grupo?

(2) ¿Es éste un problema que interesa o concierne a la clase?

4. Los maestros tomarán en consideración las siguientes preguntas mientras prosiguen con la preparación de su lección.

(1) ¿Cómo se ajusta la discusión al plan global de la lección hecho por el maestro?

(2) ¿En qué forma va el maestro a introducir la discusión para conseguir el interés de la clase y profundizar este interés en los asuntos cristianos?

(3) ¿En qué forma habrá de usarse la Biblia en esta discusión?

(4) ¿Qué principios religiosos están incluidos en este problema?

(5) ¿Ha preparado el maestro determinadas preguntas para estimular el pensamiento sobre diferentes aspectos de la cuestión?

(6) ¿Cómo se propone el maestro conducir a la clase para llegar a una conclusión?

(7) ¿Qué piensa hacer el maestro en el caso de que haya divergencia de opiniones entre los miembros?

Tal vez estos ejemplos ayuden al maestro a ver más claramente qué plan ha de usar en el método de discusión.

La discusión no estructurada.— Esta es una discusión breve y sencilla. El problema suscitado por el maestro puede ser: "¿Cómo debería el cristiano emplear el domingo?" Los miembros pueden dar sus opiniones y el maestro escribirlas sobre el pizarrón. Entonces él puede preguntar: "¿Qué es lo que el cristiano no debería hacer en domingo?" Y una vez más, los miembros pueden exteriorizar sus puntos de vista. Esta discusión probablemente se lleve de tres a cinco minutos. El maestro, entonces, pasará a otra parte de la lección.

Sin embargo, este mismo problema se podría extender, si el maestro así lo desea hasta que, prácticamente, se convierte en una discusión estructurada, aunque en el ejemplo que damos a continuación no se siguen todos los distintos pasos.

Problema: ¿Debería el cristiano asistir al cine en domingo? El maestro podría preparar preguntas parecidas a las siguientes para encauzar la discusión.

(1) ¿Cuál es la enseñanza de la Biblia con respecto a la observancia del Día del Reposo?

(2) ¿Se podría sentar algún principio general tomado de este estudio de la Biblia? ¿Puede la clase formular ese principio? Escríbase en el pizarrón.

(3) ¿Hay alguien que esté en desacuerdo con este principio o que quiera redactarlo de manera distinta? Escríbalo en el pizarrón.

(4) El ir al cine en domingo, ¿viola este principio? ¿Por qué, o por qué no?

(5) ¿Se vulnera este principio al mirar la televisión en domingo? ¿Por qué, o por qué no?

(6) ¿Puede alguien resumir lo que se ha dicho y redactar lo que parece ser la conclusión? Escríbalo en el pizarrón.

(7) ¿Está alguno en desacuerdo con esta conclusión? ¿Qué forma le daría usted? Escríbala en el pizarrón.

La discusión estructurada.— Esta es una discusión más formal de un problema candente que habrá de ocupar la mayor parte, si no todo el tiempo de la sesión de la clase.

(1) Planteo del problema: ¿Es malo para el individuo y para la sociedad el beber en reuniones sociales?

(2) Definición y aclaración del problema:

a. ¿Qué se entiende por "bebida social"?

b. ¿Qué significa "malo"? ¿Es mala esa clase de bebida en el aspecto religioso? ¿Es mala en el sentido moral? ¿Es mala en el sentido de que perjudica la influencia que uno tiene? ¿Es mala en todos estos sentidos?

(3) Discusión de todos los problemas que comprende; identificación de las soluciones posibles; valoración de esas soluciones. Todos estos tres pasos están incluidos en las preguntas siguientes:

a. ¿Cuál es la enseñanza de la Biblia acerca de la bebida? El maestro y los alumnos deben estar completamente relacionando la discusión que sigue con este estudio bíblico.

b. ¿Es siempre mala la bebida social? ¿Por qué o por qué no?

c. ¿Es la bebida social perfectamente aceptable? ¿Por qué o por qué no?

d. ¿Es aceptable la bebida social en ciertas ocasiones especiales? ¿Por qué o por qué no?

e. ¿Quiere alguno hacer el favor de resumir lo que hasta ahora se ha dicho?

f. ¿Es mala la bebida social solamente para la sociedad, pero no para el individuo? ¿Por qué o por qué no?

g. ¿Es mala la bebida social para el individuo, pero no para la sociedad? ¿Por qué o por qué no?

h. ¿Qué diremos del individuo que dice: "Esto no le importa a nadie más que a mí, lo que yo haga con respecto a la bebida social es asunto mío"?

(4) Decisión— ha de llegarse a ella a la luz de la comprensión que uno tenga de las enseñanzas de la Biblia, a la luz de las obliga-

ciones completas que uno tiene como cristiano, y teniendo en cuenta la discusión de la clase.

a. ¿Cuál les parece que es nuestra conclusión en este asunto? ¿Podemos redactar nuestra conclusión como una declaración? Vamos a escribirla en el pizarrón.

b. ¿Hay alguno que esté en desacuerdo con esta declaración? ¿Cómo formularía usted su conclusión? Escríbala en el pizarrón.

Valoración del Método de Discusión

A continuación damos algunas preguntas que ayudarán al maestro a evaluar la efectividad del método de discusión después que lo ha usado.

Pruebas relacionadas con el aprendizaje. La animación de la conversación de los miembros de la clase no significa que la discusión que han tenido haya sido efectiva o que realmente haya sido efectiva la enseñanza, o que se haya aprendido algo. El interés primordial del maestro no estriba en el método que se use sino en que los miembros de la clase aprendan algo.

(1) ¿Han obtenido los miembros de la clase alguna información por medio de la discusión, que no hubieran podido alcanzar de otra manera?

(2) ¿Confrontaron alternativas que necesariamente se les habrán de presentar?

(3) ¿Se aclararon sus conceptos por medio de la discusión?

(4) ¿Se les ha estimulado para llegar a una conclusión más inteligente en vista de la discusión?

Pruebas con respecto a la técnica. Estas preguntas tienen que ver con la efectividad del método mismo.

(1) ¿Participaron de una manera activa todos o casi todos los miembros?

(2) ¿Expresaron los miembros sus verdaderos sentimientos y su manera de pensar?

(3) ¿Se hicieron preguntas los unos a los otros, además de preguntar al maestro?

(4) ¿Se dirigían los miembros sus observaciones los unos a los otros, además de dirigirse al maestro?

(5) ¿Se observaba un ambiente de investigación cooperativa en busca de la verdad por medio del intercambio de ideas?

(6) ¿Se escuchaban los miembros los unos a los otros, sin interrumpirse?

(7) ¿Demostraban tomar la discusión en serio?

(8) ¿Demostraron (tanto los miembros como el maestro) respetar los puntos de vista de los demás aunque estuviesen en desacuerdo con ellos?

(9) ¿Se llegó con la discusión a una conclusión satisfactoria aunque no haya sido necesariamente unánime?

(10) ¿Se tomó algún acuerdo? ¿Fue necesario tomarlo?

8.- El Método de Conferencias

El método de las conferencias tuvo su origen hace siglos, cuando había muy pocos libros para el estudiante, o ninguno. Se hacía necesario que el maestro pusiera al alcance del estudiante, en forma de conferencia, la materia que el alumno tenía que dominar. En la actualidad, aunque son más abundantes los libros y el material impreso, la conferencia perdura como método de enseñanza. El profesor lo usa más frecuentemente como medio de resumir para el alumno el material que ha sido escrito en los libros.

Durante los últimos años, la conferencia ha sido objeto de críticas bastantes serias. Probablemente, la manera en que se ha usado este método, tanto en la educación laica, como en la religiosa, justifica la mayor parte de las críticas de que se le ha hecho objeto.

Cuando se usa el método de la conferencia con los primarios o los intermedios (seguramente nadie ha hecho la prueba de usarlo con niños más pequeños) es frecuente que surjan problemas de disciplina. La clase pierde la atención y se muestra intranquila y el maestro, a su vez, no se explica por qué los alumnos no "se están tranquilos y escuchan". El método de conferencia se usa más a menudo en las clases de los adultos. Es cierto que tal vez el maestro no encuentre problemas externos de disciplina con alumnos de este grupo. Los adultos han aprendido a estar sentados y quietos ... pero no siempre están escuchando.

Es muy probable que haya muchos adultos a quienes les satisfaga que el maestro les dé una conferencia. Es indudable que una de las razones principales es que cuando se usa este procedimiento, los miembros de la clase no tienen que dar respuestas. Nadie los molesta ni les presiona instándoles a que contesten, sólo tienen que estar sentados tranquilamente y escuchar. Esto es lo que se les ha enseñado a hacer y gozan de la tranquila comodidad de la sesión de la clase mientras el maestro está disertando. Esta manera de enseñar no requiere ningún esfuerzo de su parte antes, ni durante la clase, ni tampoco después de la sesión. Sin embargo, ¿no *aprenderían* más los miembros de la clase si tuvieran que hacer algún esfuerzo, si participaran en alguna discusión animada, o si tomaran parte en alguna otra actividad interesante? El maestro debe recordar siempre que su objetivo principal es ayudar a los miembros de su clase a aprender, no a entretenerlos. La conferencia es efectiva solamente si mientras el maestro la está dando, los miembros reaccionan, ya sea mentalmente, física, o emocionalmente.

Es muy posible que el método de conferencias sea el que más se use en la enseñanza en las escuelas dominicales, particularmente si se trata de grupos de personas mayores. Esto no deja de ser extraño, si se considera el hecho de que la conferencia es tal vez el más difícil de todos los métodos si se usa con *efectividad*. Algunos maestros se limitan a dar conferencias porque creen que ese método es el más fácil de usar y no se dan cuenta de que, probablemente, es el más difícil de todos para tener la seguridad de que se ha aprendido algo. Esto no quiere decir que sea difícil disertar. Teniendo al alcance suficiente material, cualquiera puede pararse ante una clase y hablar seguido durante veinte o treinta minutos. Pero, mientras el maestro está hablando no puede tener la seguridad de que él está enseñando o de que sus alumnos están aprendiendo. En demasiadas clases de la escuela dominical se ha escuchado mucho, pero se ha aprendido muy poco. Para que la conferencia sea efectiva hay que prepararse muy diligentemente, organizar cuidadosamente el material de que se disponga y presentarlo todo de una manera significativa y dramática para que la conferencia tenga efectividad. Lo cierto es que una persona tiene que reunir cualidades poco comunes para poder usar el método de conferencias de manera que resulte interesante, informativo y del cual se obtenga resultados evidentes.

Valores

Lo que se acaba de decir podría dar la impresión de que el método de conferencias carece de valor y esto, naturalmente, no es cierto. Es simplemente una manera legítima y útil de enseñar. No es un método fácil si lo que se busca es efectividad, pero tiene su lugar entre los demás métodos de enseñanza. Es más, también tiene sus ventajas sobre algunos de los otros métodos.

Información. Por medio de la conferencia el profesor le puede dar cierta información a la clase que sería difícil, si no imposible para la clase el obtenerla. El maestro tiene a su disposición manuales para los maestros, comentarios y otros materiales que no están al alcance de la clase, y una discusión aquí estaría fuera de lugar y no tendría valor alguno porque la clase carece de esta información. Así, la forma más rápida y más fácil de que la clase obtenga esta información es que el maestro se la dé en forma de conferencia. Y esta información puede ser valiosa por sí misma o como punto de referencia.

Manejo. Cuando el maestro usa este método, él es el que tiene el completo manejo de los elementos para la enseñanza. El es el que determina qué material es el que se va a usar, sobre qué se ha de dar más énfasis y cuánto tiempo se le ha de dedicar a cada punto. En cualquier lección que se dé, siempre se dispone de más material que el que se puede usar. En una determinada lección un profesor se sentiría inclinado a poner el énfasis en determinada cuestión, mientras que otro maestro lo colocaría sobre otro punto distinto. Esto es más fácil de hacer cuando se está usando el método de conferencias.

Más aun, cuando el maestro está usando el método de conferencias le es más fácil mantener la lección sobre la carrilera. Cuando se está usando el método de discusión, es fácil que la clase se desvíe perdiendo tiempo en puntos que no son esenciales. O también puede suceder que alguien lleve la clase a dar en un callejón sin salida, lo cual se puede evitar cuando el maestro es el que da la conferencia.

La Cuestión del Tiempo. La conferencia también significa un ahorro de tiempo y el tiempo que se le dedica a la enseñanza de la lección es, aun en el mejor de los casos, demasiado corto. Es tanto lo que hay en la Biblia y en la manera cristiana de vivir, que los miembros de la clase necesitan conocer, comprender, creer y practicar. Se puede consumir un tiempo precioso si el maestro se detiene para hacer preguntas o para contestarlas o para que la clase discuta determinado problema y por otra parte se puede cubrir mucho más terreno en determinado período de tiempo si se usa el método de enseñar por medio de la conferencia. El peligro aquí, sin embargo, es que el maestro puede ser que estime que enseñar es "explicar determinado material en la lección", y no promover el aprendizaje y el crecimiento que debe ser su consecuencia natural. El explicar una gran cantidad de material puede ser más bien un contrapeso antes que una ayuda para aprender. A pesar de todo, hay ocasiones en que, con tal de ahorrar tiempo, la mejor manera de presentar determinado material es por medio de la conferencia.

Personalidad. Otro de los valores o ventajas de este método es que permite al maestro proyectar todo el impacto de su personalidad en la conferencia. Una conferencia dinámica puede tener un timbre de autoridad parecido al de los profetas cuando decían: "Así ha dicho el Señor." Este es uno de los recursos que tiene el predicador en la proclamación del evangelio. Teniendo el manejo de la organización del material de manera que señale hacia el clímax y poniendo todos sus sentimientos más profundos en la presentación de la conferencia, a menudo el maestro puede despertar las emociones de su clase e inspirar a sus miembros a actuar en términos de una vida cristiana más elevada. A pesar de ello, el maestro necesita estar en guardia para que las emociones así despertadas no mueran en el aula y dejen de exteriorizarse en acción, una vez que los alumnos se hallen fuera de ella.

Combinación. Finalmente, la conferencia es un método valioso si se usa con otros métodos en determinadas sesiones de la clase. En esta discusión hemos estado tratando de la conferencia como si con ella se fuera a consumir todo el tiempo dedicado a la lección. En realidad, la conferencia puede ser una presentación cualquiera en que el maestro es el único que hace uso de la palabra. Esto puede llenar todo el tiempo de la sesión o solamente dos o tres minutos en que el maestro expondrá algún principio. El método de conferencias es más efectivo cuando se usa en combinación con algunos otros métodos. Difícilmente podrá un maestro dar una lección en que no haga alguna disertación. Puede ser que haga una breve introducción; o tal vez aproveche la oportunidad para aclarar alguna idea equivocada; o tal vez quiera aprovechar la oportunidad para presentar algún material nuevo. Pero a la par que hace alguna de estas cosas, también habrá de hacer preguntas y contestarlas; puede tener una breve discusión de un problema, relatar una historia o hacer uso de alguna ilustración. Este uso combinado de la conferencia junto con otros métodos, aumenta el interés grandemente, da más participación y asegura mejor comprensión de la lección. Debería ser un caso excepcional el que el maestro usara todo el tiempo de la sesión de la clase para dar su conferencia.

Limitaciones

Al igual que pasa con todos los métodos, el de conferencia tiene sus limitaciones y desventajas:

Participación mínima. Si el maestro usa el método de conferencia, tiene un mínimum de participación de la clase y actividad de la misma que son tan esenciales si han de aprender algo. Los miembros de la clase tal vez estarán escuchando, pero no estarán aprendiendo.

Diferencias individuales. En la conferencia no se tienen en cuenta las diferencias individuales, el mismo material es para toda la clase. Tal vez haya algunos en la clase con excelente preparación en el asunto de que se está tratando y para ellos la conferencia solo será una repetición de aquello que ya conocen. Por otra parte, habrá algunos que no conozcan nada sobre el particular y no comprendan de qué les está hablando el maestro. Y tal vez haya en la clase los que tienen ciertas necesidades de que la lección no se ocupa.

Atención. Cuando el profesor está dando su conferencia, no puede saber lo que están pensando los miembros de la clase, no tiene manera de darse cuenta si están siguiendo las ideas que él va presentando o no.

Interrogatorio. Otra limitación de la conferencia es que el profesor no tiene manera de saber qué clase de preguntas puede haber en las mentes de los miembros del grupo. Por supuesto, cuando está haciendo su preparación procura prever la clase de pregunta que se le presentarán y preparará sus respuestas que habrá de dar en el curso de la conferencia, pero, aun en el mejor de los casos, esto sólo se puede hacer parcialmente. Si la conferencia llega a estimular de verdad a la clase, surgirán muchas preguntas que los miembros quisieran que se contestasen. La costumbre de preguntar al final de la clase: "¿Hay alguno que quiera hacer alguna pregunta?" no responde a esta limitación. El miembro de la clase que desea hacer una pregunta quiere hacerla en el momento en que le viene a la mente, mientras el maestro está discutiendo el problema. Si tiene que esperar a que termine la lección, el tema ya ha cambiado, el ambiente ha variado y la pregunta probablemente quedará sin hacerse.

Contribuciones. Cuando el maestro es el que consume todo el tiempo de la lección, él y los demás miembros de la misma pierden los valiosos aportes que podrían hacer con sus ideas los distintos miembros de la clase. Nadie tiene todas las ideas pertinentes, ni tampoco las tiene el maestro que ha estudiado el material auxiliar de la lección. Tal vez se dé el caso de que los miembros de la clase no tengan el conocimiento de la Biblia y de la fe cristiana que debieran tener, pero a veces es sorprendente la calidad de conocimiento profundo que demuestran algunos de los miembros una vez que se les da la oportunidad para expresarse. Esto es lo que tenemos en mente cuando decimos que enseñar es compartir las ideas y al enriquecimiento de la experiencia.

Capacidad. Una limitación muy práctica que tiene el método de conferencias es que requiere la capacidad para hablar y para presentar su material que muchos maestros no poseen. Se necesita que sea un artista que domine el campo del cual trata su conferencia y que tenga al mismo tiempo un agudo sentido de lo dramático para que pueda dar su conferencia con éxito. De lo contrario, una conferencia puede convertirse en una experiencia monótona y aburrida.

Uso Frecuente

Si es cierto que el método de conferencias es el método más difícil o uno de los más difíciles de usar con éxito, ¿por qué lo usan los maestros tan a menudo?

Conceptos equivocados. Algunos maestros usan este método porque tienen un concepto equivocado de lo que significa enseñar. Ellos se imaginan que decir es enseñar y sienten que han enseñado cuando le dicen a la clase lo que han estudiado en su revista trimestral y en otros comentarios acerca de la lección durante la semana.

Ahorro de tiempo.— Los maestros dan otra razón que está íntimamente ligada con la anteriormente expuesta. Dan la conferencia porque así se gana tiempo. Piensan que eso de tener preguntas y respuestas y discusiones consume un tiempo precioso que el maestro podría usar para dar más explicaciones a la clase. Puesto que es tanto lo que la clase necesita saber y puesto que es tanto el material de que se debería tratar en el limitado tiempo de que dispone el maestro para enseñar, la conferencia resulta el mejor procedimiento para cubrir la mayor cantidad de material en la menor cantidad de tiempo. Naturalmente, esto es cierto. Pero aquí va comprendido otro concepto equivocado acerca de lo que es enseñar, y es el concepto de que enseñar es "cubrir determinada cantidad de materia".

Hábito.— Otros maestros dan la conferencia por costumbre. Esa es la manera cómo se les enseñó a ellos y así es cómo siempre han enseñado a su vez.

Ignorancia.— Algunos maestros usan la conferencia porque no saben usar ningún otro método. No se atreven a usar nuevas maneras de enseñar —tales como el método de preguntas y respuestas, discusiones o representaciones— porque tienen miedo de fracasar. Por lo tanto, aunque tal vez comprendan que el dar una conferencia no es el modo más efectivo de enseñar, lo siguen usando porque es el método con el cual se sienten más seguros.

Falta de comunicación.— Otros usan el método de conferencias porque dicen que no pueden convencer a los miembros para que respondan o hablen y ésta es una de las razones que dan con más frecuencia los maestros que usan este método. Es probable que alguna vez el maestro haya tratado de hacer preguntas y al ver que los alumnos no respondían, ha desistido de volver a hacerlo. A pesar de que son muchos los maestros que no pueden conseguir que sus alumnos hablen, la experiencia de muchísimos más en múltiples y diversas circunstancias, prueba que la gente habla y que los miembros de la clase de la escuela dominical responden, siempre que la lección sea presentada de una manera adecuada por el maestro.

Dirección.— Probablemente, la mayoría de los maestros usan el método de conferencias porque de esta manera el maestro siempre tiene la clase bajo su dirección. Es decir, lleva todo su material preparado con anticipación y sabe exactamente lo que va a decir. La clase no se verá perturbada por algún problema intrincado, difícil de resolver. El maestro no corre el peligro de verse confuso porque algún miembro le haga una pregunta que no puede contestar. De esta manera, el uso de la conferencia hace que el maestro se sienta mucho más seguro de sí mismo, ya que sabe exactamente lo que tiene que decir ya que lo tiene en su bosquejo.

Preparación de la Conferencia

El maestro se está disponiendo a preparar la lección para el domingo. Ya ha estudiado un poco la lección y cree que el método de conferencia sería el más apropiado para llegar a los miembros. ¿Qué es lo que tiene que hacer para preparar la conferencia? Claro que no tiene determinado patrón que seguir. El maestro ha de tener libertad para expresar su propia individualidad. A continuación vamos a hacer algunas sugerencias generales que le convendrá al maestro tener presente.

Conocimiento. En primer lugar, el que se propone dar una conferencia necesita poseer un conocimiento adecuado de la cuestión sobre la cual se propone disertar. Esto significa que el maestro tiene que hacer un estudio concienzudo del pasaje bíblico del cual se va a tratar. Esto comprende no solamente que el maestro estudie su revista trimestral, sino también los comentarios de la Biblia y otras fuentes de consulta que son necesarias para el maestro. Este necesita tener a su alcance bastante más información que la que ha de usar en su conferencia y si ésta ha de ser estimulante, el maestro ha de disertar basándose en la abundancia de su conocimiento. Ningún maestro debería pararse ante la clase para dar una conferencia sin salirse estrictamente de lo que lleve escrito en el papel.

Propósito. En segundo lugar, el maestro ha de tener un concepto claro de cuál es su propósito. ¿Qué es lo que se propone alcanzar por medio de su conferencia? ¿Desea dar nueva información y enseñar conocimientos a su clase? ¿O lo que desea es inspirar a la clase? Necesita tener esto bien claro porque la exposición que va a hacer será bien distinta en un caso y en el otro. Si lo que desea es impartir conocimiento, necesitará organizar su conferencia de manera que la clase capte y retenga el conocimiento nuevo. Esto no se hace suficientemente en la enseñanza y tal vez sea una de las razones por las cuales hay personas que tienen un conocimiento tan inadecuado de la Biblia. Por otra parte, si lo que busca es inspirar a la clase deberá organizar su conferencia de manera que ésta llegue a un punto culminante en la conclusión.

Bosquejo. Hay muchas maneras de hacer el bosquejo de una conferencia. Este es un plan sencillo: Introducción, Desarrollo y Conclusión.

(1) *Introducción.* Al principio de la conferencia el maestro debe exponer a la clase por qué se presenta determinada materia, por qué es importante y qué relación tiene con la vida de cada miembro. El maestro tiene que darles un motivo para escuchar. El tiene que captar la atención haciendo su plática tan atrayente que los miembros tengan deseo de escuchar. Si el maestro no capta la atención de sus miembros en la introducción, no lo seguirán en el resto de la conferencia.

(2) *Desarrollo.* La manera cómo el maestro desarrolle su disertación dependerá del propósito que haya seleccionado. Si desea impartir conocimiento, irá de lo conocido a lo desconocido, de lo que les es familiar a lo que no lo es. También habrá de tener cuidado con el grado de velocidad con que se imparte el nuevo conocimiento. No debe darse de una manera tan rápida que no pueda ser asimilado. Tal vez haya algunos miembros que deseen tomar notas, pues ello es una gran ayuda en el aprendizaje.

Al determinar cuál ha de ser su propósito y en el desarrollo de su conferencia, el maestro también precisa tener en cuenta las necesidades y los intereses de los miembros de su clase. Si la plática ha de significar algo para ellos, tienen que ver claramente la relación que existe entre la conferencia y su propia vida con todos sus problemas. Esto significa que al desarrollar su conferencia, el maestro debe buscar prever los problemas con que se enfrentarán los alumnos en relación con el tema de que se trate e indicar la relación de la enseñanza cristiana con esos problemas. Y también debe prever, tan ampliamente como le sea posible, las preguntas que puedan presentar los alumnos y procurar contestarlas en su conferencia. Al hacer esto, el maestro está pensando *a la par* con sus alumnos y ellos están pensando *a la par* con él. De esta manera, la conferencia toma el enfoque de "solución de problemas" y así es como probablemente se aprende.

El maestro debe tener un bosquejo tan claro que los miembros de la clase puedan seguirlo sin dificultad mientras él pasa de un punto a otro. Es conveniente que el maestro escriba su bosquejo en el pizarrón mientras va hablando, pero lo que se hace generalmente es que el maestro escribe su bosquejo completo en el pizarrón al comienzo de la clase, pero si se va poniendo a medida que progresa el desarrollo de la lección, esto contribuye al mayor interés de los miembros.

(3) *Conclusión.* Toda conferencia debe llegar a un punto culminante en la conclusión y aquí el maestro debe buscar la convicción, el compromiso, la aplicación y la acción en los miembros.

Presentación de la Conferencia

Es el domingo por la mañana. Ha llegado el momento en que el maestro presente su conferencia a la clase. Las mismas reglas que rigen la buena manera de hablar en público se aplican aquí.

1.— El maestro tiene que hacer suyo el material que ha estudiado. Una de las principales razones por las cuales tantas conferencias resultan aburridas en la escuela dominical es porque el maestro simplemente repite como una cotorra el material que ha leído en los comentarios sobre la lección. Es conveniente que el maestro obtenga ideas en estos medios auxiliares, pero ciertamente debe hacerlas suyas, vistiéndolas con sus propias palabras y sus maneras de expresarse.

2.— El maestro también debe sentir profundamente el material que presenta en su conferencia. Precisamente, una de las ventajas del método de conferencias es que éste da al maestro la oportunidad de proyectar toda su personalidad en la disertación. Si el asunto que está discutiendo no es de suma importancia para él, la presentación que de él haga carecerá de fuerza.

3.— El maestro debe tener personalidad propia. Claro está que puede aprender de otros, pero no debe imitar a otros.

4.— Debe empezar de una manera suave e ir aumentando en fuerza hacia el punto culminante. Y esto es de particular importancia si su meta es la inspiración. Usualmente, toda la plática se da en forma de conversación.

5.— El maestro ha de mantener la constante relación con sus miembros. Una de las maneras en que esto se hace es que el maestro mire a los ojos de los alumnos mientras habla. Distrae la atención si el maestro está mirando constantemente por la ventana o si dirige su mirada a un rincón del aula. Hay que tener en cuenta que los ojos son un poderoso recurso para el maestro. Cuando siente de veras el mensaje que está dando, los ojos pueden ayudarle a llevar su mensaje al alma de sus oyentes. Además, mientras el maestro se mantiene en comunicación visual con los miembros de la clase puede ir captando la reacción que su disertación produce, pues le es necesario darse cuenta de cómo ellos sienten y casi saber cómo piensan. Si él se percata de que empiezan a estar intranquilos, o que no responden a la plática, es preciso que haga una pausa y les dirija una pregunta, escriba algo en la pizarra, use el mapa o haga alguna otra adaptación para volver a cautivar la atención del grupo.

6.— Es necesario que el maestro use todos los registros de su voz en la presentación de su conferencia. No puede adormecer a la clase usando un tono de voz monótono. Nos estamos refiriendo a la inflexión de la voz, no al volumen de la misma, pues el maestro debe ajustar el volumen de su voz al tamaño del aula. La rapidez con que se pronuncie la conferencia es también importante pues no debe ser demasiado acelerada ni demasiado lenta. Si se nota que decae la atención de los alumnos es conveniente cambiar de ritmo de repente y ese cambio repentino contribuye a reavivar el interés.

7.— Los gestos exagerados y las maneras ofensivas deben evitarse. Sin embargo, algún elemento dramático siempre hace más interesante la plática.

8.— El uso de auxiliares visuales como el pizarrón, contribuyen a mantener la atención y ayudan en el proceso de la enseñanza.

9. —El maestro ha de cuidar de que su bosquejo sea claro y esto se puede hacer si se va escribiendo sobre la pizarra a medida que se va desarrollando.

10.— El uso de buenas ilustraciones anima la conferencia y ayuda a los miembros a comprender y a aprender mejor.

Disertación con Provecho

La conferencia es un medio valioso para la enseñanza y se puede emplear a veces con verdadero provecho. A continuación damos algunas sugerencias, pero no queremos decir, sin embargo, que la conferencia debe tomar todo el tiempo, ni aun en estos casos.

1.— Se puede usar como introducción a las lecciones de un trimestre. En esta ocasión el maestro ha de buscar al darle a la clase los antecedentes necesarios para despertar su interés en el estudio dándoles un propósito a seguir y también la dirección general del trabajo que se va a hacer.

2.— También se puede usar para hacer el resumen de una serie de lecciones. No obstante, si el propósito del maestro es darle a la clase un repaso de una serie de lecciones, es probable que el método de preguntas y respuestas sería el más apropiado, acompañado de algunas explicaciones.

3.— La conferencia se usa a menudo para presentar algún material que para los miembros sería difícil de conseguir.

4.— La conferencia puede usarse con bastante efectividad cuando los miembros de la clase carecen de la información y los antecedentes necesarios para discutir inteligentemente el asunto que se esté considerando. Esto se ve más especialmente cuando el maestro está presentando material técnico como el que se encuentra en las lecciones doctrinales. Sin embargo, ningún maestro debe desestimar los antecedentes de los miembros porque algunos de estos adultos han estado asistiendo a la escuela dominical por veinte años o más. Si no tienen los antecedentes necesarios para discutir la Biblia inteligentemente, puede ser que les hayan dado conferencias con demasiada frecuencia.

5.— Se puede usar cuando el maestro tiene en su mente la meta del conocimiento que se va alcanzar. Pero ha de tenerse en cuenta que éste no es el único método, ni necesariamente el mejor cuando se trate de impartir conocimiento.

6.— Se puede usar cuando el factor tiempo es importante. Hay ocasiones en que el factor tiempo hace de imperativa necesidad que el maestro dé una conferencia. Pero por otra parte, esto no debe ser una excusa para que el maestro dé conferencias todo el tiempo. Es cierto que la conferencia es el medio más económico de presentar una cantidad de materia a la clase, pero no es necesariamente cierto que los alumnos aprenden mejor cuando se les presenta una gran cantidad de materia.

Dirección en la Preparación de la Lección

Ha llegado el momento de que los maestros preparen la lección que han de enseñar el próximo domingo. El superintendente deberá procurar que los maestros apliquen lo que se ha estudiado, mientras preparan la lección. El es el que tiene que guiarlos a considerar y contestar las siguientes preguntas:

1.— ¿Por qué usa el maestro el método de conferencia con preferencia a otros métodos de enseñanza? ¿Para dar información nueva? ¿Para introducir las lecciones del trimestre? ¿Para hacer el resumen de una serie de lecciones? ¿Para proporcionar alguna información nueva o técnica a los miembros de la clase?

2.— ¿Va a usarse el método de conferencia para toda la lección? ¿O va a usarse este método solamente para una parte de la lección y después van a usarse otros métodos también?

3.— ¿Consigue el maestro captar la atención al principio de la clase? ¿De qué manera?

4.— ¿Es la meta del maestro en esta lección la enseñanza de hechos reales? Si es así, ¿señala la repetición frecuente en el desarrollo de su conferencia y también el resumen?

5.— ¿Constituye la meta del maestro en esta lección despertar la inspiración? Si es así, ¿llevará la conferencia a la clase a ese punto álgido?

6.— ¿Está claro el bosquejo de la conferencia?

7.— ¿Está de acuerdo el bosquejo con la meta del maestro?

8.— ¿Tiene el maestro algún plan para hacer uso de ayudas visuales tales como el pizarrón o los mapas?

9.— ¿Cuáles son las ilustraciones que se han preparado?

10.— ¿Qué preguntas que se le pueden ocurrir a los miembros de la clase se encuentran contestadas en la conferencia?

9.- La Ilustración

"¡Vamos a ilustrar esto! ¡Aquí tenemos un ejemplo!" ¿Qué maestro no ha sentido el despertar del interés de parte de la clase esperando lo que se va a decir después de oir estas palabras? El cuento o la anécdota ha sido empleado como medio de enseñanza desde mucho tiempo atrás. Los pueblos primitivos se trasmitían su historia y sus tradiciones por medio del uso de los cuentos. Jesús usó este método con gran efectividad.

Tratándose de niños, el cuento siempre ha sido un método de enseñanza generalmente aceptado. Muy a menudo, cuando el grupo es de esta clase, toda la lección se desarrolla alrededor de una historia bíblica. Sin embargo, cuando se trata de primarios, intermedios, jóvenes y adultos, la historia generalmente toma la forma de una ilustración, un ejemplo, un incidente o una experiencia. Se puede describir una ilustración como un cuento corto dicho con una finalidad determinada. Se usa para hacer resaltar un punto, haciéndolo más claro o más vívido. Aunque estrictamente hablando no se puede decir que la ilustración constituya un método, es lo suficientemente valiosa en el proceso de la enseñanza para ser digna de consideración. Los términos "cuento", "anécdota", "ilustración" o "historia" se usarán como sinónimos en este capítulo.

Su Relación con la Enseñanza

El propósito que se busca en cualquier método de enseñanza es el de ayudar a que ésta se realice. ¿Cómo, pues, se relaciona un cuento con la enseñanza? Vamos a exponer algunas de las maneras en que esto se produce.

Interés.— El aprender se basa en el interés. Ya es bien sabido que el cuento es uno de los medios más efectivos para estimular el interés del alumno.

Adquisición de conceptos.— El proceso de la enseñanza comprende dirigir al que está aprendiendo a ganar sus propios conceptos sobre la materia de que se trate. El maestro se propone guiar a sus miembros para que puedan decir (por lo menos, en silencio) "ya lo veo, ahora lo comprendo", o "nunca se me había ocurrido eso". La ilustración es una ayuda valiosa para conducir al que está aprendiendo de manera que pueda llegar a este concepto más profundo.

Familiaridad.– Uno de los principios de la enseñanza y del aprendizaje es que se debe de ir de lo conocido a lo desconocido y de lo que es familiar a lo que no lo es. El cuento o la ilustración hace esto explicando aquello que es menos familiar en términos de lo que es más familiar, o explicando algo abstracto en términos de algo concreto.

Solución del Problema.– El aprendizaje comprende solución de problemas. El cuento puede servir para presentarle a la clase un problema de la vida real. Indica el conflicto y dice cómo se resolvió el problema en ese caso. Así el que está aprendiendo se ve guiado a enfrentarse en su mente con el modo en que él resolvería un problema igual o similar en su propia vida.

Usos y Propósitos

La historia o la ilustración puede servir para muy diversos propósitos al mismo tiempo. ¿Cuáles son algunos de los propósitos para conseguir los cuales se hace uso de la historia?

Explicación.– Se puede usar para arrojar más luz o explicar un problema que no está claro o que es difícil de comprender. Alguien ha sugerido que cuando un maestro usa una ilustración es como si estuviera corriendo una cortina para dejar entrar la luz.

Ejemplo.– Una ilustración se puede usar para dar un ejemplo de la verdad espiritual que se está enseñando y al hacerlo así el maestro reviste la verdad de carne y sangre, dándole nueva vida. Con ella demuestra que lo que realmente alguien hizo en determinada combinación de circunstancias. Esto tiende a sacar la enseñanza del campo de lo teórico y situarla en el plano de la vida.

Persuasión.– Las ilustraciones se usan a menudo para estimular a los oyentes en su manera de actuar. Su propósito es el de persuadir así como el de instruir. Las ilustraciones obran sobre los sentimientos y producen respuestas emocionales. La idea que late bajo la ilustración es, generalmente, que esa respuesta emocional será la que impulsará a los miembros de la clase a seguir el ejemplo que se ha dado en la historia. "Si él lo hizo, ¿por qué no puedo hacerlo yo?"

Énfasis.– Es una ayuda valiosa para facilitar que los oyentes recuerden la verdad que en ella se enfatiza. Es un hecho muy conocido entre todos los que predican, enseñan o hablan en público, que los oyentes a menudo recuerdan las historias o ilustraciones por mucho más tiempo que cualquier otra parte de la disertación.

Atención.– Una historia o una ilustración se puede usar para captar la atención o para motivar el interés. Muchos oradores usan las ilustraciones para recapturar el interés del público cuando se dan cuenta de que el auditorio se está poniendo inquieto o falto de atención. Pero con este respecto hemos de advertir dos cosas. En primer lugar, siempre que el maestro haga uso de una historia para captar la atención o despertar el interés, ella debe servir también para algún otro propósito. Es decir, debe también explicar o dar un ejemplo de la verdad que se está discutiendo o producir un estímulo para determinada actuación. El maestro no debe contar un cuento, simplemente chistoso o no, que no tenga relación alguna con la lección, simplemente para conseguir la atención de la clase o despertar su interés.

En segundo lugar, como la ilustración despierta el interés, el maestro se siente inclinado a usar una o más en cada lección y, naturalmente, el maestro debe de guardarse de hacer demasiado uso de las ilustraciones. La lección debe significar más que una serie de ilustraciones entretejidas con un tenue hilo de piadosos comentarios. Por otra parte, las ilustraciones llenan un propósito muy útil y se estimula al maestro para que haga sus lecciones más vívidas, animadas y significativas por medio de la sabia selección y juicioso uso de las buenas ilustraciones.

Fuentes de Información

Al leer lo que antecede, la reacción del maestro, indudablemente será: "Todo eso está muy bien, pero ¿dónde voy a poder encontrar buenas ilustraciones?" En la actualidad, las buenas ilustraciones se pueden encontrar en muchos lugares. Lo que se necesita es buscarlas y tener los ojos abiertos para darse cuenta de ellas cuando se las encuentra al paso. En otras palabras, el maestro necesita tener "conciencia de las ilustraciones" y así cuando las vea, hará como dice Shakespeare; encontrará "sermones en las piedras". Si el maestro tiene ojos para ver, existe una riqueza de material ilustrativo en todo lo que le rodea, aun en los sucesos más comunes y corrientes.

Imitando a Jesús.— Observe cómo en el ministerio de Jesús él hacía uso de los sucesos más corrientes y de las situaciones más comunes para ilustrar las verdades espirituales.

La Vida del Campo.— En una ocasión, él contó que un sembrador salió a sembrar. Algunas semillas cayeron sobre una clase de terreno y otras sobre otras clases de tierra. En otra oportunidad, habló acerca de un hombre que tuvo unas grandes cosechas, derribó sus graneros viejos, construyó en su lugar otros nuevos, y entonces dijo: "Alma, ya tienes para pasarlo bien."

La Vida Hogareña.— Una mujer perdió una moneda y barrió toda la casa hasta que la encontró. Otra mujer puso una cantidad de levadura en la masa del pan y se le fermentó toda la masa. Un cierto hombre tenía dos hijos y uno de ellos quería disponer de su herencia para irse a correr mundo. En otra ocasión habló acerca de una boda. Diez vírgenes iban a recibir al esposo. Cinco tenían aceite suficiente, pero las otras cinco, no.

El Mundo de los Negocios.— Un propietario plantó una viña y la arrendó a unos labradores. Estos maltrataron a los cobradores que el dueño mandó para que recibiesen lo que se le debía. Los labradores, finalmente, mataron al hijo del amo. Un hombre empleó a ciertos jornaleros para que trabajaran su campo por determinado salario. Poco antes de terminarse la jornada, empleó a otros más y al finalizar el día les pagó a todos el mismo salario.

La Vida Política.— Jesús usó una moneda para contestar las preguntas que le hacían sobre el pago de los impuestos y al hacerlo enseñó otra verdad más profunda. En otra oportunidad habló acerca de un rey que al hacer sus planes para ir a pelear con otro debe tomar consejo para ver si puede pelear contra un enemigo que tiene fuerzas superiores a las suyas.

Experiencias personales.— La experiencia personal del maestro constituye una fuente muy valiosa de ilustraciones. Los miembros de la clase, generalmente, están muy interesados en las experiencias que el maestro ha tenido en su vida cristiana. Esto es, en su religión personal, no en algo de segunda mano que haya visto en la revista trimestral o en alguna otra parte. Sin embargo, aunque las experiencias personales tienen gran valor, es preciso prevenirse contra el uso demasiado frecuente de ellas. La clase puede llegar a aburrirse de las mismas.

Los Sucesos del Día.— Los sucesos corrientes pueden ser otra fuente de la cual el maestro entresaca historias, ejemplos y experiencias. Jesús hizo uso de los sucesos corrientes. Habló de aquellos a quienes Pilato había matado y cuya sangre él había mezclado con sus sacrificios y también se refirió a aquellos sobre los cuales había caído la torre de Siloé, para demostrar que todos eran igualmente pecadores delante de Dios y que todos debían arrepentirse por lo tanto. Mientras el maestro está leyendo sus periódicos y revistas puede encontrar numerosos sucesos y experiencias que podrán ilustrar las ideas que piense presentar a la clase. ¡A veces hasta los muñequitos le pueden ayudar!

La Naturaleza.— El mundo de la naturaleza se ha usado por largo tiempo como fuente de ilustraciones y Jesús usó frecuentemente la naturaleza con este propósito. Se refirió a los cuervos del aire y a los lirios del campo. Habló del cuidado que Dios tiene de los pajarillos y les contó a sus oyentes acerca del hombre que construyó su casa sobre la arena y cuando vinieron las lluvias y soplaron los vientos, cómo la casa se cayó. La buena marcha del universo puede usarse para señalar el orden y el designio de Dios. El despertar de la vida en la primavera se puede tomar para ilustrar la resurrección.

Biografía.— La biografía es una magnífica fuente de ayuda para el maestro. El poeta ha dicho:

"Las vidas de todos los grandes hombres nos recuerdan
Que podemos hacer que nuestras vidas sean sublimes."

Las experiencias y conquistas de otras personas, son un reto para nosotros y hasta sus errores y fracaso nos pueden dar aliento. Encontramos grandes hombres en la historia. También hay gigantes en la historia cristiana. Hay numerosas ilustraciones que se pueden sacar de los personajes de la Biblia. También hay las vidas de los grandes misioneros, tanto del pasado, como del presente.

En las Actividades Diarias.— Aun en su propia área de trabajo puede el maestro hallar ilustraciones. El abogado encontrará en las leyes muchas analogías e ilustraciones. El científico, tanto como el estudiante de ciencia, podrán encontrar en este campo excelentes ilustraciones. Si el maestro no es un científico y va a usar una ilustración que proviene de este campo, debe asegurarse primeramente de que sus datos son correctos y de que la aplicación es exacta. De lo contrario, los que oyen su enseñanza podrán desacreditar tanto la ilustración como la verdad que pretende enseñar. El ama de casa encontrará muchos ejemplos o ilustraciones acerca de la vida del hogar, el campesino encontrará detalles del campo, el mecánico, acerca de la maquinaria y el hombre de negocios sobre esta actividad que le interesa.

Sermones.— Tanto los sermones como otros tipos de discursos constituirán una fuente de ayuda para el maestro. Los buenos oradores casi siempre usan buenas ilustraciones y el maestro debería de cultivar el hábito de llevar siempre consigo un pequeño índice de tarjetas para escribir en ellas las ilustraciones buenas, cuando las oye.

Auxiliares del maestro.— Uno de los recursos que pueden servir de más ayuda inmediata para el maestro es su revista trimestral. Los editores de los diferentes cursos de lecciones estimulan a los redactores para que incluyan ilustraciones apropiadas en cada lección. Esto no quiere decir que el maestro tendrá la oportunidad de usar todas las ilustraciones que trae la revista, pero por lo menos, puede evaluarlas para ver si son oportunas y encajan con la lección que va a enseñar.

Otros maestros.— Los maestros pueden compartir unos con los otros e intercambiar historias, ejemplos e ilustraciones. Esto se puede hacer fácilmente y con naturalidad en el período destinado a perfeccionamiento en la reunión semanal de maestros y oficiales. Cuando los maestros se hallan sentados alrededor de una mesa, compartiendo sus ideas mientras están juntos preparando su lección, también pueden compartir unos con los otros las ilustraciones que se proponen usar. Con esto no queremos decir que todos los maestros vayan a usar todas las ilustraciones que los demás vayan a usar, pero algunas veces alguno encontrará que la ilustración que le sugiere un compañero es precisamente la que él necesita.

Tal vez deberíamos añadir aquí unas palabras acerca de cómo conservar y archivar las ilustraciones. Si el maestro quiere que su lección se destaque y tenga vida por medio del uso de buenas ilustraciones, le será necesario llevar un buen índice de ellas. Todo lo que vea, oiga, o piense que podría ser una buena ilustración debe escribir-lo en una tarjeta apropiada. Estas tarjetas se deben archivar con los letreros adecuados para poder usarlas cuando se necesiten. Naturalmente, esto significa trabajo para el maestro, pero lo cierto es que si él archiva la ilustración, la tiene cuando la necesite y si no lo hace, la olvida.

Uso de las Ilustraciones en un Plan de Lección

¿Cuándo y cómo se pueden usar las ilustraciones en el plan de una lección? Lo cierto es que se pueden usar en cualquier punto de la lección.

Introducción.— Una historia o una ilustración se puede usar para iniciar la lección. Esta es una manera excelente de empezar una lección y en este caso, la ilustración llena un doble propósito: capta inmediatamente la atención de la clase y enfoca esa atención sobre el problema principal que se va a considerar en la lección.

Desarrollo.— Se puede usar también en el desarrollo o en la parte "sustancial" de la lección. Generalmente, la finalidad de la ilustración en esta parte de la lección es la de aclarar la comprensión o darle un significado más profundo. Ella puede proyectar alguna luz sobre un punto difícil que se esté considerando o puede presentar algún ejemplo del ideal que se discute.

Haciendo la lección más personal.— La ilustración puede servir para hacer que la lección sea más personal. En esta parte de la lección el maestro procura guiar a los miembros de la clase a ver cómo la verdad espiritual que se considera en general tiene relación con la vida espiritual, personal, diaria de cada uno de ellos. El maestro podrá usar una ilustración que demuestre cómo esa verdad afecta la vida de una persona.

Conclusión.— Finalmente, también se podrá usar a la conclusión de la lección. Cuando se use así, entonces la ilustración puede servir de punto culminante para ejemplificar la aplicación que se desea de la lección.

Cómo Contar la Historia

Dos maestros pueden contar la misma historia y, sin embargo, uno puede hacerlo de una manera mucho más efectiva que el otro. La diferencia estriba en la manera de hacer el relato. A continuación vamos a dar algunas sugerencias que el maestro haría bien en prestarles su atención.

Conozca la historia bien.— El maestro necesita ciertamente estar bien familiarizado con todos los detalles de la historia y tener bien situados todos los sucesos en su debido orden en su mente. Solamente así podrá hacer su relato con seguridad y sin vacilaciones que distraigan a los oyentes.

Véala con claridad.— Siempre que sea posible, el maestro debe conocer el ambiente en que se desarrolla la historia y será una mayor ventaja para él si conoce algo acerca de la situación social, política y espiritual que rodea, por ejemplo, a una historia del Antiguo Testamento. Ese conocimiento del escenario en que se desenvuelve la historia le ayudará a darle más colorido al relato. Ello también le evitará el hacer afirmaciones que no sean completamente correctas. Es de igual importancia que el que habla visualice el incidente, acontecimiento o historia con los ojos de la mente hasta que pueda ver cada acción y cada detalle con toda claridad. Los miembros de la clase no alcanzarán a ver el incidente con más claridad que la que les suministre el maestro en su descripción.

Siéntala profundamente.— Esta es una de las mejores ayudas para decir una historia con éxito. A medida que el maestro va viendo con más claridad los detalles del incidente, debe "sentirse" más identificado con la situación. Entonces tiene que contarla de la manera que él la ve y la siente. Necesita incluir detalles descriptivos y significativos, y aquí se le presenta al maestro una oportunidad de poner a contribución su imaginación creadora, pues los miembros no sentirán el impacto de la historia más profundamente que de lo que el maestro pueda sentirla y describirla.

Dramatícela.— Es necesario que el maestro diga su historia sazonándola con algún elemento dramático. Es claro que esto ha de hacerse con cierta moderación, pero la finalidad del maestro es hacer que la situación tenga vida ante la clase. Por lo tanto, no debe vacilar en expresar sus sentimientos mientras va haciendo el relato, que de ninguna manera debe ser una simple recitación escueta y mecánica de los hechos. ¡Hay que tener presente que ésta es la vida y que algunas decisiones pesan en la balanza! Por lo tanto, las palabras del maestro deben seguir la acción de la historia. Cuando la acción es rápida e intensa, las palabras deben salir casi precipitadamente; en otros momentos, sus palabras deben ser suaves y pausadas. En momentos de tensión, suele ser efectiva una pequeña pausa. Generalmente el diálogo es más conveniente que el discurso directo.

Haga la narración para llegar al punto culminante.— Este es el motivo de toda la historia y la razón para decirla. Al hacerlo, deben presentarse ante la atención de la clase todos los elementos conflictivos, de una manera real. La decisión que tiene que hacer el personaje de la historia no es fácil de tomar, se presentan dificultades, se encuentra con problemas y se ve arrastrado en distintas direcciones por sus deseos personales y las pasiones humanas. ¿Cuál habrá de ser su decisión? ¡Este es el punto culminante! La clase tiene que sentirse identificada con la situación de la historia.

Concluya rápidamente.— Una historia que valga la pena termina rápidamente. Algunas terminan al llegar al punto culminante. Otras tal vez necesiten una frase o dos para redondear la narración. El maestro no puede divagar al llegar aquí, si lo hace, puede echar a perder el efecto de todo el relato.

Todos los maestros pueden llegar a ser más eficientes en la narración de historias a medida que tengan más práctica. Necesitan oir a otros que tienen ya esta facilidad. No es necesario que los imiten, pero es conveniente que analicen qué es lo que hace efectiva la presentación de las historias y procurar seguir los mismos principios que usan los que las dicen con éxito. El maestro también debería practicar el contarse a sí mismo las historias antes de decirlas ante la clase. La práctica ayuda mucho.

Requisitos que ha de Reunir una Buena Historia

¿Cuáles son los requisitos que ha de reunir una buena historia?

Apropiada. En primer lugar la historia debe ser apropiada a la lección y en particular al punto principal que se discute. En otras palabras, debe servir para ilustrar el punto que se supone ha de ilustrar. En segundo lugar, debe tener alguna relación con la vida de los miembros de la clase. Puede que la ilustración sea buena, pero si carece de significado en la vida de los oyentes, ¿para qué sirve? Por ejemplo, un maestro está dando una lección a un grupo de muchachos intermedios acerca de la tentación. Si les da una ilustración acerca de un ladrón que se robó diez mil dólares de un banco, la relación con los intereses de los muchachos sería menos directa que si les cuenta una historia de un muchacho que se montó en un ómnibus y sintió la tentación de escabullirse sin pagar cuando el conductor no lo estaba mirando.

Interesante.- La historia que no reune esta condición no vale la pena de que se la tenga en cuenta.

Exacta. Si se cuenta una historia como verdadera, tenemos que estar seguros de que lo es. Es permitido que el maestro diga historias que son imaginarias, si la clase entiende claramente que se trata de "ficción". El maestro puede decir: "Vamos a suponer que estamos frente a una situación así y así". Los detalles de tal situación deben ser verdaderos y si se trata de una ilustración de la Biblia, de la Historia, o de alguna biografía, el maestro debe estar bien seguro de todos sus detalles.

Breve.- Debido al tiempo limitado de que se dispone, las ilustraciones que use el maestro han de ser casi siempre breves. Las ilustraciones que Jesús usó son todas excepcionalmente cortas.

Clara.- Los caracteres que van comprendidos en la historia, el problema de que se trata, los elementos de conflicto con que se relaciona— todas estas cosas deben estar muy claras para el oyente. Decepciona y confunde al que escucha el verse envuelto en una historia tan compleja que mezcla unos personajes con los otros.

Nueva.- Si se usan ilustraciones ya muy manoseadas y conocidas pueden distraer la atención de la lección antes que aumentarla. Es preferible no usar ilustración alguna antes que usar una que ya esté muy gastada. Es mucho mejor buscar una nueva y usarla.

Orientación para la Preparación de la Lección

Ahora el superintendente habrá de guiar a los maestros en su preparación para la lección del próximo domingo. Las siguientes sugerencias habrán de ayudar al superintendente cuando trate de ayudar a los maestros a aplicar los métodos que acabamos de estudiar.

1.- El superintendente inclinará a los maestros a que compartan unos con los otros las ilustraciones que piensen usar.

2.- Un maestro puede ilustrar la manera cómo piensa contar una de sus historias Los demás pueden analizar los puntos ventajosos y los puntos débiles en la manera de hacer la presentación.

3.- Después de haber completado la preparación de la lección, cada maestro puede repasar su plan y revisar el número de ilustraciones que se propone usar. ¿Son demasiadas? ¿Serán demasiado pocas? No hay reglas fijas sobre la cantidad que se deba usar. Eso varía de acuerdo con la lección de que se trate.

4.- El maestro deberá fijarse en el propósito de cada ilustración y hacerse las siguientes preguntas:

(1) ¿Sirve para dar un buen ejemplo de la verdad de que se trata?

(2) ¿Es adecuada para explicar un principio?
(3) ¿Sirve para estimular determinada acción?

5.- ¿Cómo se ajusta la ilustración al plan de la lección elaborado por el maestro?

(1) ¿La usa en la introducción?
(2) ¿La usa en el desarrollo de la lección?
(3) ¿La usa para hacer la lección de aplicación personal?
(4) ¿La usa en la conclusión?
(5) ¿Usa una ilustración en varios de estos sectores?

6.- Cada maestro deberá evaluar sus ilustraciones de acuerdo con el siguiente cuestionario:

(1) ¿Es efectiva para ilustrar el punto señalado?
(2) ¿Es de vivo interés?
(3) ¿Tiene relación con las experiencias del grupo?
(4) ¿Despierta la emoción?
(5) ¿Son exactos los hechos que se señalan, hasta donde el maestro puede comprobarlo?

10.- Representaciones[1]

La representación de papeles, o "dramatización" es una técnica educacional relativamente nueva. A causa de no estar muy relacionados con esta técnica, muchos maestros de la escuela dominical se sienten tentados a ignorarla o a negarse a hacer uso de ella. Esto es natural, es de esperarse, porque a menudo los maestros se resisten a abandonar los tradicionales métodos de enseñanza, con la práctica de los cuales se sienten seguros y a ensayar algo nuevo. Sin embargo, el superintendente del departamento debe dirigir a sus maestros para que se sobrepongan a esa resistencia ya que la representación puede constituir una manera muy efectiva de enseñar.

Definición

Se observa que los niños a menudo juegan a "la escuela dominical" lo mismo que juegan a "la casita". En estos juegos lo que hacen es revelar sus sentimientos y sus actitudes. Algunas veces los padres y las madres se han visto abochornados al contemplar cómo sus niños los imitan "regañando a los pequeños". La representación es una adaptación de estos "juegos de imitación" y en ella la clase puede observar las diferentes actitudes que en ella se expresan y valorizar las consecuencias de esas maneras de proceder. Se trata de una representación breve, espontánea, sin ensayos, de algún problema, en el cual algunos de los miembros de la clase asumen determinados papeles. No se trata de algo escrito que es preciso memorizar y probablemente dé mejores resultados con los jóvenes y los adultos. Los problemas que se presenten pueden referirse a las relaciones humanas o a situaciones sociales (que a veces se llaman socio-dramas.) O tal vez los problemas pueden tratar de los sentimientos emocionales, personales (que a veces se denominan psico-dramas). El maestro falto de experiencia hará bien en tener cuidado al tomar los sentimientos emocionales de los miembros de su clase, y lo probable es que todas las situaciones de que se trate en la escuela dominical tengan que ver con las relaciones humanas o sociales.

[1] Término que traduce el inglés, "role playing." Se refiere a representaciones espontáneas y sin libreto.

Un Ejemplo

Puesto que éste es un método de enseñanza relativamente nuevo, tal vez sería conveniente que diésemos un ejemplo detallado del mismo antes de entrar en la discusión de los diversos aspectos del método.

Supongamos que el maestro está dirigiéndose a una clase de muchachos de dieciseis años. El tema es "Cómo llevarse con los Padres". El pasaje de la Escritura que se estudia es: Colosenses 3:18-25, incluyendo los versículos: "Hijos, obedeced a vuestros padres en todo, porque esto agrada al Señor. Padres, no exasperéis a vuestros hijos, para que no se desalienten." El tema del maestro en esta lección es: "Guiar a mi clase para que descubra y por lo menos empiece a poner en práctica una cosa que contribuya a hacer que se pueda vivir más feliz en su hogar."

Partiendo del punto de vista de que el tiempo disponible para la clase es de treinta minutos, el maestro habrá empleado lo menos quince minutos en el estudio del pasaje de la Escritura, esforzándose por guiar a sus alumnos a comprender los principios espirituales que en ellos se encuentran, tanto en lo que se refiere a los padres, como en lo que atañe a los hijos.

Presentación del Problema. El maestro entonces podría decir: "Aunque conocemos y aceptamos el ideal de que como cristianos deberíamos de obedecer a nuestros padres, a veces nos encontramos en oposición con ellos. En algunos hogares estos conflictos se producen bastante a menudo y a veces se hacen demasiado candentes. En consecuencia, tanto nosotros, como nuestros padres nos sentimos muy afligidos. Como cristianos debemos encontrar, si nos es posible, algunas maneras de evitar, por lo menos algunos de estos conflictos. Si pudiéramos hacerlo, ciertamente nuestros hogares se convertirían en lugares más felices donde poder vivir. Tengo en la mente una situación que quisiera que ustedes representaran y quiero que tomen esto con toda seriedad. Tal vez resulte chistoso algo de lo que se diga pero que nadie se ría."

Selección de los personajes y sus instrucciones. El maestro escoge a Juan para que haga el papel del padre y a Carlos para que desempeñe el del hijo. Donde los demás no los puedan oir, le da estas instrucciones a Juan: "Tu hijo es un poco irresponsable, deja la ropa tirada por dondequiera, no ayuda nada en la casa. No piensa más que en sí mismo y en las cosas que a él le gusta hacer. Siempre quiere estar en la calle y esto te disgusta porque se porta de una manera egoísta. Ahora te va a pedir permiso para salir y tú se lo vas a negar. Una palabra saca la otra y termináis en una discusión acalorada." Estas son las instrucciones que le da a Carlos, sin que los oigan los demás. "Tu padre siempre se opone a lo que tú quieres hacer, siempre te está regañando: 'No hagas esto, no hagas aquello.' Ahora tú vas a entrar y pedirle permiso para salir esta noche. El te lo va a negar. Tú te incomodas. Una palabra saca la otra y acabáis en discusión acalorada." El maestro les da un minuto a los "actores" para que se "identifiquen" con su papel mientras le explica a la clase: "En esta escena tendremos a un padre como hay muchos hablando con su hijo. Este va a pedir permiso para salir y aquí tenemos dos preguntas que quiero tengan presente para discutirlas cuando se termine la escena: ¿Cuál fue el motivo o los motivos para que esta conversación terminase de la manera que terminó? ¿Se podría haber hecho algo para que terminase de manera distinta?"

Desarrollo de la escena. Entran los dos muchachos después de haber estado los dos fuera del aula, cada uno pensando por su cuenta en el papel que va a representar, y cada uno dice lo que tiene que decir. Un minuto o dos después que se han ensarzado en una discusión candente, el maestro hace terminar la escena.

Discusión de la escena. El maestro podría preguntarle a Juan: "Como padre, ¿qué era lo que sentías hacia Carlos?" Después que Juan ha contestado, el maestro podría preguntarle a Carlos: "Como hijo, ¿qué era lo que sentías hacia tu padre?" Después de la contestación, el maestro podría hacerle a la clase las preguntas que se han presentado anteriormente: "¿Cuál fue la razón, o las razones, para que esta conversación terminase de la manera que terminó?" El maestro ha de buscar el llevar a la clase a profundizar más allá del hecho evidente de que los dos personajes estaban enojados. ¿Por qué se enojaron? Después que esto se haya discutido debidamente, se puede hacer la segunda pregunta y las ideas que se expongan han de ser muy beneficiosas.

Volviendo a representar la escena. Después de esta discusión, el profesor puede decir: "Ahora quisiera que repitiéramos esta escena con un enfoque distinto." Pueden tomar parte los mismos muchachos u otros. El maestro le dirá al muchacho que hace el papel del padre que se niegue a dejar salir al hijo y que entonces reaccione como cualquier padre normal, cualquiera que sea la contestación del hijo. El hijo pide permiso para salir y cuando el padre se lo niega, entonces el hijo tiene que decirle: "Veo que a cada rato chocamos por este problema. También me doy cuenta de que hay unas cuantas cosas que yo hago y que a ti no te gustan. ¿Quieres hacerme una lista de ellas y yo veré lo que puedo hacer?" Y entonces los dos muchachos representan la escena espontáneamente.

Discusión de la escena. El maestro entonces, puede preguntar a la clase: "¿Creen que este enfoque del problema llevaría a un mejor entendimiento entre el padre y el hijo?" Después de la discusión, el maestro podría preguntar: "¿Cómo se relaciona esto con el ideal espiritual que estábamos discutiendo en la primera parte de la lección? Ayúdese a la clase a comprender que el ideal espiritual realmente *produce efecto* al ayudar a las personas a tener relaciones más cordiales, unas con las otras.

Planteando un ideal de la enseñanza. Al procurar que la lección penetre en la vida de los miembros de la clase, el maestro podría decir: "¿Podría cada uno de ustedes pensar en una cosa que durante la semana lograse hacer para que fuesen más cordiales las relaciones con sus padres? Aquí tienen lápiz y papel. Cuando se les ocurra algo, escríbanlo y será para ustedes el "ideal con respecto a la enseñanza" que quieren alcanzar. El domingo que viene discutiremos lo que ustedes hicieron y cómo resultó."

La Representación como Parte del Plan Total

La representación no tiene que ocupar todo el período de la clase. Aquí se da un posible plan de lección en el que podría usar la representación.

Introducción de la lección. El maestro podría empezar la lección procurando captar el interés de la clase y llevarla a una lectura seria del pasaje de la Escritura.

Desarrollo de la lección. Entonces podría guiar a la clase a una consideración más detallada del pasaje, ayudándoles a comprender de una manera más clara el ideal espiritual que encierra. También puede procurar llevar a la clase a aceptar este ideal como la manera en que deben de vivir.

Dándole una nota personal a la lección. Al llegar a este punto en el que el maestro busca relacionar el ideal con la vida personal de los miembros de la clase, es que podría usarse con provecho la representación. Mientras que la clase va siendo dirigida hasta enfrentarse con los problemas que se le presentan a cada uno de sus miembros cuando se esfuerzan por vivir una vida cristiana, la representación de una situación semejante podría ayudarles a ver el problema de una manera más clara y a descubrir las soluciones posibles a la luz de un ideal espiritual.

Asegurando resultados duraderos. Se puede conseguir que los resultados que el maestro desea ver en la vida diaria de cada uno de sus alumnos se manifiesten en ella, sin hacer demasiada presión en ninguno de ellos, de manera que sean los mismos miembros los que señalen los ideales que deseen alcanzar durante la semana siguiente.

Es evidente que no pretendemos sugerir que se haga una representación todos los domingos. Se debe usar este método, como todos los demás, solamente cuando se vea que es el método más apropiado para ayudar a la clase a aprender una verdad espiritual. Lo cierto es que este método probablemente será mejor que se use con poca frecuencia para que la clase no lo vea demasiado a menudo y pierda su efectividad. El maestro no debe echar mano de él simplemente por usar un método "diferente".

Pasos Sucesivos en el Uso de la Representación

¿Cuál habrá de ser la función del maestro mientras se usa este método? ¿Cuáles son sus responsabilidades y cómo habrá de desempeñarlas? ¿Cuáles son los pasos que debe tener en la mente? *Guía y dirección.* En primer lugar, el maestro debe considerarse siempre a sí mismo como el guía del proceso completo. Aunque al usar el método de la representación, los miembros de la clase que toman parte están involucrados íntimamente con la situación de enseñar y aprender, no por ello el maestro abdica de su posición como tal. Suya es la responsabilidad de guiar, no la de dominar, la actividad de hacerlo de tal manera que se obtenga la mayor enseñanza posible.

Preparar el problema que se ha de representar. La responsabilidad del maestro es la de preparar la situación que la clase ha de representar. Esto lo ha de hacer el maestro durante el tiempo que se dedica a la preparación de la lección. Evidentemente, no puede esperar hasta que llegue al aula y confiar en un impulso con la inspiración del momento para sugerirle la situación que se va a representar. Con anterioridad tiene que decidir qué problema se va a tratar, cuáles van a ser los papeles, qué instrucciones se le van a dar a cada uno de los actores y qué preguntas serán las que la clase ha de discutir después de la representación. Hasta podría llevar pensado cuáles serán los miembros de la clase que podrían representar cada papel. Nunca será demasiada la importancia que se le dé a esta preparación previa.

Al seleccionar el problema de que se va a tratar, hay varias cosas que el maestro debe tomar en consideración. (1) Si esta es la primera vez que la clase (o el maestro) han usado este método, el problema que se va a presentar deberá ser sencillo y específico. (2) El problema debe tener significado para los miembros de la clase, deben sentirlo como algo real, en términos de su propia experiencia de la vida. (3) Se ha de tomar en consideración el elemento tiempo. El maestro ha de tener presente cuánto tiempo necesitará para las otras partes de la lección y cuánto tiempo será necesario para la presentación y discusión de la situación que se va a representar. Evidentemente, al principio esto será difícil, pero con un poco de experiencia el maestro podrá determinar con más exactitud la cantidad de tiempo que es necesaria.

Enfocando el problema. La manera en que la situación que se va a representar encaja dentro del plan total de la lección y cómo el maestro debe ajustarla al problema se ha explicado anteriormente en otra sección.

Describa el problema. Después que el maestro ha hecho que la clase vea la relación de su vida diaria con el ideal espiritual que se estudia, entonces pasa a describir el problema que van a representar. Y debe presentar ese problema de una manera tan palpable que el grupo se sienta emocionalmente involucrado en el mismo. Solamente entonces podrán entrar ellos en la actividad con seriedad de propósito.

Selección de personajes. El próximo paso es que el maestro escoja a los individuos que han de representar los diversos papeles. Ha de explicarles cuidadosamente, tanto a la clase como a los actores, que éstos deben de actuar como creen que lo harían los personajes que ellos mismos han sido escogidos para representar y no como ellos mismos, personalmente, lo harían. Si es la primera vez que se va a usar este método, entonces el maestro debe seleccionar a aquellos miembros que él cree están más capacitados para desempeñar los distintos papeles. Si hay un personaje antipático, el maestro debe seleccionar a un miembro de la clase que tenga bastante confianza en sí mismo y que sea bien visto por toda la clase para que no se sienta abochornado. Al principio, es natural que los miembros de la clase tengan cierta timidez y se resistan a tomar parte. Por esta razón, el maestro ha de tener la seguridad de que la situación que se va a representar es bien sencilla y una en que la clase se vea completamente interesada.

Dé las instrucciones pertinentes a los actores. El maestro procede a darles las instrucciones a los que han de representar los distintos papeles. Generalmente, esto se hace en privado para que la clase no sepa cuál es el papel específico de cada uno También, en la mayor parte de los casos, es más conveniente que el maestro instruya en privado a cada actor, de manera que el otro, o los otros, no sepan qué papeles se están representando. A cada actor le debe explicar claramente el carácter del personaje que va a representar, pero no debe sugerirle lo que va a decir (sino simplemente para empezar). El maestro ha de alentar a cada uno para responder espontáneamente de la manera que él cree que el personaje que representa habría de hacerlo. Y entonces debe dar a los actores un minuto o dos para que se "identifiquen" con las particularidades del tipo que van a personificar.

Instruya a la clase. Después de haberles dado las instrucciones a los actores y mientras éstos se hallan identificándose con sus respectivos papeles, el maestro le dará las instrucciones a la clase. Les da una idea general de la situación que se va a representar y les dice específicamente lo que tienen que observar. Estas preguntas habrán de servir como base de la discusión posterior. Puesto que algunas de las respuestas de los actores serán probablemente humorísticas, tal vez sea conveniente que el maestro pida a la clase que no se ría y que esté seria durante la representación.

Representación de la escena. Al llegar a este momento se llama a los actores para que entren en el aula y representen la escena. Tal vez el maestro necesite recordarle a algún actor el papel que está representando, pero no deberá hacerlo a menos que sea absolutamente necesario.

Corte la escena. Es responsabilidad del maestro cortar la escena cuando ya se haya prolongado lo suficiente. Si siente la tentación de dejar que se prolongue y pronto empieza a cansar, el maestro ha de vigilar para que esto no suceda.

Discusión de la escena. Esta es una de las partes más importantes en todo el proceso. Aquí es donde hay que dirigir a la clase para que analice y evalúe lo que ha observado. En esta discusión deben surgir ante los oyentes conceptos más profundos y nuevos descubrimientos de las maneras de actuar como cristianos. Por esta razón, esta parte de la lección debería ser planeada muy cuidadosamente por el maestro.

Repetición de la escena, si es necesario. Partiendo de la base de la discusión que haya hecho la clase, los nuevos conceptos adquiridos y las sugerencias que se hayan hecho, a veces puede ser muy provechoso el que se vuelva a representar la escena, empleando caracteres que den respuestas distintas como ha sugerido la clase (o el maestro). Pueden participar en la repetición los mismos miembros de la clase que tomaron parte en la representación anterior u otros distintos, según le parezca mejor al maestro.

Determinación de metas de la enseñanza. Después que la clase ha discutido las diversas respuestas posibles y después que ha llegado a una conclusión sobre lo que a ellos les parece que sean las respuestas acerca de las maneras más cristianas de vivir, se debería animar a cada miembro de la clase (sin presión alguna) a que se señale a sí mismo una "meta de acuerdo con la enseñanza aprendida" para cultivarla. Aquí es donde la enseñanza que se da en la sesión de la clase tiene la posibilidad de proyectarse sobre la vida diaria de los miembros de la misma.

Valores y Limitaciones

Como sucede con los demás métodos, la representación de papeles tiene sus ventajas y sus desventajas.

VALORES (1) Es una técnica a la vez interesante y estimuladora, tanto para el maestro como para los alumnos.

(2) Hace que los miembros tomen parte activa en el proceso de enseñar y aprender.

(3) Ayuda a los presentes a ver y a sentir los problemas reales de las relaciones humanas en el escenario del aula.

(4) Proporciona a los miembros de la clase la oportunidad de discutir más objetivamente determinadas situaciones que serían demasiado emocionales si sucedieran en la vida real.

(5) Conduce a la clase a discutir determinadas actitudes sobre las cuales normalmente no expresarían su opinión si se siguieran los métodos más tradicionales.

(6) Por medio de la observación y de la actuación de ciertos papeles, los alumnos son guiados a comprender más claramente cómo sienten otras personas y por qué reaccionan y actúan en la manera en que lo hacen.

(7) Este método les da a los miembros de la clase la oportunidad de experimentar con respuestas nuevas o distintas sin tener que exponerse a las consecuencias que se sufrirían en la vida real.

Limitaciones

(1) Puesto que esta es una técnica relativamente nueva, el maestro puede sentirse temeroso antes de ensayarla porque no sabe cuál va a ser el resultado. Realmente, no se trata de una desventaja del método sino algo que merece tenerse en cuenta. El superintendente debe animar a los maestros para que no teman probar algo nuevo. Puede suceder que la primera vez que se use este método no resulte una cosa perfecta. Si no sale bien, el maestro debe analizar por qué no salió bien y hacer una lista de las cosas que debían haberse hecho de una manera distinta. Los maestros deben aprender de sus equivocaciones y seguir ensayando hasta conseguir usar este método con éxito. Los resultados que se obtengan en una enseñanza más efectiva harán que valga la pena realizar el esfuerzo.

(2) Por lo mismo que el método es nuevo para los miembros de la clase, ellos pueden sentir timidez o vacilación antes de participar. Por esta razón la situación que se escoja para representar debe ser sencilla, y también el maestro habrá de tener buen cuidado al seleccionar los miembros que han de tomar parte.

(3) Puede suceder que algunos de los personajes que se van a personificar sean chistosos y la clase se desvíe de la seriedad del problema que se estudie. Esto sucederá más fácilmente si el grupo es de primarios o intermedios y los que enseñan a grupos de estas edades necesitan estar prevenidos ante esta situación.

(4) Puede suceder que la clase se ensarce en una discusión insustancial y pase por alto las enseñanzas que deberían surgir de la situación que se representa. El fallo aquí no es del método sino del maestro que debe estar seguro por medio de un plan cuidadoso y de una dirección apropiada durante la discusión, de que la clase se identifica con los problemas de que se trata y ve claramente las implicaciones de las distintas respuestas que se den.

(5) Este método no puede ni debe usarse todo el tiempo. Solamente se debe usar con aquellas lecciones en las que se trate de problemas en las relaciones humanas. Si se usa con exceso, perderá mucho de su efectividad.

(6) Como la representación y la discusión que siguen consumen mucho tiempo, el maestro no podrá disponer de tanto tiempo para el estudio bíblico como cuando se usen otros métodos. Por otra parte, los problemas de los cuales trata la Biblia se harán más vívidos ante la clase cuando se use este método.

Guía para la Preparación de la Lección

El superintendente del departamento orientará a los maestros en su preparación de la lección que han de enseñar el domingo y procurará ayudarles a hacer la aplicación de lo que han estudiado.

Tal vez les serviría de ayuda si el superintendente preparara de antemano una situación que los maestros pudieran representar brevemente para tener una "muestra" de este enfoque. Este ensayo no tiene que referirse precisamente a la lección que van a dar el próximo domingo.

Son varios los puntos que el superintendente ha de estimular a los maestros para que los tengan presente mientras preparan la lección.

1.— ¿Se puede usar con éxito la representación en esta lección? Hay muchas lecciones con las cuales no se puede usar. El superintendente debe hacer los planes para estudiar el uso de este método cuando los maestros tengan en la escuela dominical una lección a la cual se le pueda aplicar.

2.— Los maestros identificarán el problema central en la lección con el cual se puede relacionar una situación para representarla.

3.— Entonces pasarán a preparar la primera parte de la lección. ¿Cómo han de hacer para captar el interés de la clase en la introducción? ¿Cómo desarrollarán la lección de manera que la clase comprenda y acepte el ideal espiritual de la lección?

4.— El maestro planteará el problema.

5.— ¿Tiene el problema significación para la clase?

6.— ¿Cómo hará el maestro para presentar el problema ante la clase de manera que los miembros lo sientan profundamente?

7.— ¿Qué instrucciones habrán de darse a cada uno de los participantes? El maestro debería escribir estas instrucciones en detalle.

8.— ¿Cuáles son las instrucciones que se le deben de dar a la clase? ¿Qué es lo que tienen que esperar? Esto también se debe escribir.

9.— ¿De qué manera habrá de dirigir el maestro la discusión de la clase después de terminada la representación?

10.— ¿Será necesario que la clase repita la representación?

11.— ¿En qué forma habrá de guiar el maestro a los miembros para que seleccionen las "metas" que han de poner en práctica como resultado de las enseñanzas de la lección?

11.- El Proyecto

¿Qué es un proyecto? Algunos lo consideran como una técnica específica. Otros dicen que es una actividad en que la clase en conjunto toma parte. Algunos dan énfasis al aspecto del planeamiento y dicen que el proyecto es una actividad en la cual los miembros toman parte en todas las etapas del mismo. Aun hay otros que lo consideran como un principio, una actitud o un punto de vista antes que un método específico. Estas distinciones técnicas no tienen por qué afectarnos a nosotros. Para lo que a nosotros nos concierne, podemos decir simplemente que un proyecto es una actividad en la cual se ocupa la clase, ya sea para profundizar o para expresar el aprendizaje que han hecho.

El método de proyectos no es nuevo. Se ha usado como medio para enseñar y para aprender en los tiempos primitivos cuando un padre cogía a su hijo y lo llevaba a una excursión de caza o de pesca para aprender haciendo y también se usa en el día de hoy en muchas situaciones normales de la vida. El padre supervisa lo que su hijo hace cuando éste hace una cometa. La madre dirige a la hija cuando ésta va a hacer su primer pastel. Las organizaciones agrícolas estimulan a sus miembros para que se embarquen en algún proyecto tales como sembrar un campo de fresas, cuidar de un ternero, ocuparse de vender una cosecha, hacer una colcha de retazos o hacer un vestido. El maestro lleva al aula estas maneras de enseñar y aprender y las llama un proyecto.

Muchos maestros de la escuela dominical que están activos en la actualidad han dirigido sus clases en la realización de proyectos sin saber que estaban usando un proyecto, simplemente consideran que esta actividad o la otra eran una buena manera de ayudar a la clase a aprender. Algunos han animado a sus clases a hacer bloques representando los libros de la Biblia para usar estos bloques en la memorización de esos libros. Otros han llevado la clase a hacer algo para socorrer a una familia necesitada. Este enfoque es simplemente el reconocimiento que hace el maestro de que no toda la enseñanza se hace por medio de la palabra hablada y el aprendizaje por medio de lo que se oye; es un reconocimiento de que hay ciertas verdades cristianas que no están realmente aprendidas hasta que se hayan expresado en la vida.

El Proyecto y el Aprendizaje

Las personas aprenden de muchas diferentes maneras. Cuanto más se relacione la enseñanza con la experiencia directa, más probable es que la enseñanza se hará significativa y duradera. Cuanto más se aleje la enseñanza de la experiencia directa, más difícil se hace.

La experiencia y el sentido común sugieren que cuando el que está aprendiendo está meramente *escuchando* las palabras que otro dice, él está probablemente inactivo, puede que responda a lo que salga y probablemente lo que ha escuchado habrá efectuado muy pocos cambios en sus actitudes o en sus ideas. En un nivel superior de eficacia, como método de enseñanza (porque atañe más directamente al que está aprendiendo) está la *observación* por su parte viendo las cosas por medio de grabados o yendo a verlas en persona. Pero aun en este caso el que aprende puede permanecer como un mero espectador, dando poco de sí mismo y ganando también bien poco.

En un nivel muy superior de efectividad debido a que el que está aprendiendo se impresiona más profundamente, es el aprender por experiencia propia. El que aprende se mueve del papel de espectador al de sentir con una persona o en una situación. En el nivel más alto, puesto que potencialmente comprende más de lleno al que está aprendiendo, está la experiencia directa, de primera mano.

Una de las maneras más efectivas de aprender es la de "aprender haciendo". Una joven aprende a ser madre solamente cuando llega a serlo. Una maestra podrá decirle algo acerca del amor y de la solicitud que una madre tiene por su niño, pero ella nunca llega realmente a saber cómo es este amor y esta solicitud hasta que ella se encuentra en esta relación en que ella es la madre de un niño. Este amor y esta solicitud tienen que experimentarse, nacen de la relación entre una y otro. Entonces se aprenden por experiencia los múltiples deberes de una madre. De parecida manera, se aprende a ser cristiano siendo un cristiano. Uno llega a conocer realmente a Cristo solamente entrando en relación personal con Cristo. La vida del cristiano es preciso que se aprenda por medio de la experiencia, no por escuchar lo que nos tenga que decir un maestro acerca de cómo ser cristiano. Esto no quiere decir que no se meta en un proyecto con el fin de ser cristiano. Esto quiere decir sencillamente, que el cristianismo debe expresarse en la experiencia, y esta expresión puede, a veces, tomar la forma de un proyecto.

Con demasiada frecuencia, las clases de la escuela dominical son lugares donde se discuten grandes planes pero se hace muy poco para llevarlos a la práctica. En un determinado domingo tal vez la clase discuta algún tema profundo, relacionado con la fe cristiana. Pero no les queda tiempo, o no hacen por buscarlo, para llegar a una conclusión definitiva. Se hacen solamente aplicaciones generalizadas y el maestro exhorta a la clase a que las siga. Pero no se hacen decisiones definidas, ni se sugieren planes para expresar la verdad cristiana que se ha estudiado. Con demasiada frecuencia, cuando los alumnos se despiden no llevan ningún propósito firme de hacer algo. Al siguiente domingo la lección trata de un tema distinto y la clase habla acerca de él en la misma manera, sin llegar a ninguna decisión ni a formular ningún plan de darle expresión a la enseñanza recibida. Y así sucesivamente, domingo tras domingo. En todo este proceso, los alumnos están aprendiendo, pero ¿qué es lo que están aprendiendo? *Puede ser* que lo que estén aprendiendo es que se reunen los domingos en la escuela dominical para *conversar.*

Si esta situación existe en su clase de la escuela dominical, es una situación que el maestro ha de cambiar. El quiere que los miembros de su clase sean exponentes de su fe cristiana. El quiere guiarlos para que hagan algo con respecto a sus ideales cristianos, las verdades que encierran y las actitudes que se discuten en la clase. El proyecto es uno de los mejores medios que el maestro tiene a su alcance para asegurar la proyección de lo que se expone en el aula sobre la vida de los miembros.

Distintos Tipos

¿Cuáles son las diferentes clases de proyectos en que puede ocuparse una clase? La división que sugerimos está basada en las finalidades para las cuales ha de servir cada proyecto. En la actualidad, no hay distinción clara en cuanto a su nomenclatura ya que un determinado proyecto puede servir más de una finalidad y podría catalogarse bajo distintos rótulos. Se sugiere la siguiente clasificación solamente para ayudar al maestro a ver más claramente una parte de la variedad de proyectos en que pueda interesarse la clase.

Información. El principal propósito de esta clase de proyecto es guiar a los alumnos a adquirir y dominar determinada información. Tal vez una clase de primarios se halle estudiando una serie de lecciones acerca de "La Iglesia". Se les puede dirigir en un proyecto en que se relacione este estudio con su iglesia particular. Se le puede pedir a distintos miembros del grupo que hagan un estudio especial de la historia, el programa financiero, las actividades misioneras, las actividades de servicio social, y otras, en su iglesia. Una clase de intermedios tal vez esté teniendo una serie de lecciones doctrinales. En este estudio encuentran muchas palabras teológicas cuyo significado no entienden. Ellos pueden decidir hacer un trabajo juntos para tener su propio diccionario breve, teológico, para el uso del grupo. Al llevar esto a la práctica, ellos podrían estudiar los distintos términos teológicos y escribir el significado de cada uno en lenguaje que ellos pueden comprender. (Muchas clases de adultos podrían también realizar ese mismo proyecto con provecho).

Actitud.— El propósito primario de este tipo de proyecto es el de transformar, desarrollar o robustecer determinadas actitudes. Pudiera ser que el maestro desease ayudar a la clase a desarrollar una sensibilidad más profunda para aquellos que están en necesidad. Un sábado por la noche podría llevar a su clase de intermedios a hacer un recorrido por los barrios pobres. O tal vez si la clase está estudiando una lección de temperancia y un miembro hace el comentario de que los que se emborrachan solamente se perjudican a sí mismos, para comprobar si eso es verdad, el maestro podría llevar a su clase a la jefatura de policía y que un oficial les explicase la relación que hay entre la bebida y los accidentes. O también el maestro podría llevarlos a visitar una sala de emergencia en un gran hospital el sábado por la noche.

Hábitos. El propósito fundamental de este tipo de proyectos es el de desarrollar ciertos hábitos recomendables. El maestro de una clase de jóvenes tal vez haya notado que el grupo hace en la iglesia unas cuantas cosas que indican falta de reverencia, tales como el estar hablando durante el culto de adoración, o durante los otros cultos de la iglesia, escribiéndose papelitos, dejando caer los himnarios en el suelo, o corriendo por los pasillos. Teniendo esto en cuenta, puede dirigirlos en un proyecto a tener más reverencia. Otro maestro puede enterarse por medio del director de la Unión de Preparación que los miembros de su clase casi nunca leen la Biblia durante la semana y otro maestro se da cuenta de que los miembros de su clase no asisten con regularidad al culto de predicación. El maestro puede dirigir a su clase en un proyecto que recalque la asistencia regular a los cultos de predicación. El maestro de una clase de adultos puede ejercer influencia en sus miembros para que empiecen a tener diariamente los cultos de familia. Estos y otros hábitos muy convenientes pueden surgir de la dirección que se le dé a la clase interesándola en un proyecto.

Servicio.— El propósito que se persigue con esta clase de proyecto es el de dar expresión a algún ideal cristiano aceptado como conveniente o necesario, para satisfacer alguna necesidad evidente o para rendir algún servicio en determinada área. Esta es la clase de actividad con la cual probablemente está más familiarizado el maestro porque a menudo habrá dirigido a sus clases para ayudar a aquellos que están en necesidad. Los primarios y los intermedios son estimulados a visitar a los que están inválidos y tal vez a tener un pequeño culto religioso con ellos. Estos mismos grupos visitan las cárceles, los hogares de ancianos y otros lugares semejantes y dirigen cultos religiosos. Además de todo esto, la clase podría interesarse en un proyecto de visitar a los ausentes de la clase.

Un grupo de intermedios se interesó grandemente hace algunos años por las personas desplazadas de Hungría y decidieron hacer algo más que hablar. Reunieron ropa en sus casas y se la pidieron a sus vecinos, consiguieron cajas, empaquetaron la ropa y enviaron cientos de libras de ropa a aquella gente que mucho la necesitaba. En una iglesia se estaba inaugurando un programa de construcción y se le hizo un llamamiento a los primarios y a los intermedios para que contribuyeran de una manera eficiente al programa. Acordaron realizar un proyecto y todo lo que sacaran de él lo dedicarían al fondo de construcción. Los miembros de la iglesia vieron aquello con muy buenos ojos y los alentaron para hacer toda clase de trabajos. Cortaron la yerba de los patios, pintaron garajes, cuidaron niños y fregaron automóviles. Al cabo de seis semanas contribuyeron con 2.000 al fondo de construcción y al hacerlo desarrollaron una mayor estimación y un amor más intenso por su iglesia.

El proyecto de la clase puede ser sencillo y fácil de ejecutar de una manera rápida. El hacer que los miembros de la clase le escriban cada uno a su congresista acerca de alguna ley que esté pendiente, sería un proyecto sencillo, o tal vez se podría pensar en otro proyecto más complicado que requiriera más tiempo para su planeamiento y ejecución. Los miembros de la clase podrían decidir que quieren contribuir con algo que haga más recomendable el ambiente para el elemento joven y ello necesitaría un estudio de las circunstancias de la actual situación, en qué emplea la juventud su tiempo libre y qué es lo que se puede hacer en este caso.

Los proyectos se pueden llevar a cabo tanto dentro de la clase como fuera de ella. Si un grupo de muchachos está haciendo un mapa de la Tierra Santa, pueden dedicar cada domingo algunos minutos del tiempo de la clase para trabajar en el mapa. Pero a causa de la brevedad del tiempo, la mayor parte de los proyectos necesariamente habrán de realizarse en tiempo fuera de la clase. El proyecto puede ser la actividad de un grupo o de un individuo. Si los miembros de la clase deciden visitar el hospital de la ciudad, esto deberá hacerse en grupo. Si deciden empezar el culto familiar de adoración deben hacerlo individualmente.

Pasos para Dirigir un Proyecto

De las explicaciones anteriormente dadas se habrá visto que el proyecto responde a dos usos principales. En primer lugar, se puede usar como una ayuda para enseñar a la clase, por ejemplo, cuando se hace un diccionario de palabras teológicas. Segundo, la clase lo puede usar como una manera de expresar por una actividad práctica, un ideal espiritual que mantienen, por ejemplo, el ayudar a alguien que esté en necesidad. Es evidente que el éxito de cualquier proyecto depende en gran parte de la debida preparación. Aunque los planes del proyecto que se lleve a cabo habrán sido elaborados por los miembros que han seleccionado el proyecto en el período de la clase, las consideraciones preliminares acerca de los posibles proyectos que se podrían escoger y la consideración de lo que habría de relacionarse con los distintos proyectos debería hacerse por el maestro en el tiempo en que se dispone a preparar la lección. ¿Cuáles son los pasos que el maestro habrá de tener en mente mientras está preparando la lección? Estos pasos deben ser bien comprendidos por el maestro.

La necesidad que siente la clase. Si se va a dirigir a la clase para que se interese en un proyecto, éste debe basarse en alguna necesidad sentida por la clase. Para que la actividad tenga importancia para el grupo, éste debe sentir que ella es importante. Necesitan ver claramente la razón del proyecto y sentir el *deseo* de llevarlo a la práctica. El sentir esta necesidad debe nacer de la discusión de la lección de la escuela dominical. Por esta razón el maestro debe hacer que el plan completo de su lección gire alrededor de un probable proyecto en su mente. Al discutir la lección, el maestro debe hacerlo con la esperanza de que en la clase se desarrolle tanto un sentimiento de la necesidad como un deseo de hacer algo para combatirla.

Respuestas posibles. A medida que el maestro prepara su lección, debería considerar las distintas actividades posibles en las cuales podría interesarse la clase para demostrar el objetivo de la lección. De este grupo, probablemente, él elegirá el que le parezca que es el mejor. Sin embargo, en la sesión de la clase el maestro debe animar a los miembros para que sugieran los proyectos que les parezcan apropiados porque puede ser que ellos deseen ocuparse de una actividad que el maestro no haya escogido. Si la selección que ellos han hecho es digna a la luz del evangelio, y si es asequible teniendo en cuenta el tiempo y la capacidad de la clase. Entonces deben seguirse sus sugerencias.

El proyecto escogido. Acabamos de afirmar que es mejor que los miembros de la clase sugieran y escojan el proyecto en que desean participar. Esto no quiere decir que la sugerencia con respecto a determinado proyecto no puede venir del maestro. Muchas veces será esto lo que suceda, pero cuando la sugerencia provenga del maestro, entonces la clase debe aceptarla sin vacilación. El proyecto es efectivo para la clase solamente si se le acepta con entusiasmo. Se debe poner en práctica solamente porque los miembros así lo desean y no porque el maestro sea el que lo quiera. Si la clase no responde en esta forma, será mejor que el maestro deje de mano el proyecto. Para que éste produzca un beneficio espiritual es necesario que tenga una base espiritual.

Confección de planes. Después que la clase haya escogido un proyecto, los miembros serán dirigidos para que hagan los planes necesarios para llevarlo a la práctica. Estos planes deben elaborarse en la sesión de la clase. ¿Necesita la clase más información? ¿Quién es el que se va a encargar de conseguirla? ¿Será preciso nombrar algún comité? ¿Cómo se va a llevar a cabo el proyecto? ¿Cuándo se va a reunir el grupo? Los distintos miembros deben aceptar responsabilidades definidas. La tarea del maestro es la de estimular y dirigir, de ninguna manera la de dominar en la elaboración de los planes. El maestro debe estar prevenido para reservar el tiempo suficiente en la clase para la discusión de los posibles proyectos; para las decisiones y para hacer los planes con el fin de llevar a cabo el proyecto. La cantidad de tiempo que se necesite dependerá de la naturaleza y complejidad del mismo. El maestro deberá tomar en consideración este factor tiempo y planear las otras partes de la lección de manera que quede suficiente tiempo para esto. Si toca la campana o se termina el período destinado a la clase antes de que se hayan completado todos los planes, se perderá gran parte del valor de la actividad propuesta.

Cumplimentación del proyecto. La actividad escogida generalmente se habrá llevado a cabo fuera de la sesión de clase. Sin embargo, hay ciertas actividades en las cuales se pueden emplear unos cuantos minutos durante sesiones sucesivas, por ejemplo, en memorizar los libros de la Biblia o hacer un mapa de la Tierra Santa. Mientras se está llevando a cabo el proyecto, la tarea del maestro es la de guiar, supervisar y estimular.

Evaluación del proyecto. Este paso no es siempre necesario pero hay ciertas clases de proyectos en los cuales una evaluación y una discusión de los valores de lo aprendido serían muy beneficiosas. La clase podría considerar algunas preguntas como las siguientes: ¿Fue planeado satisfactoriamente el proyecto? ¿Qué partes del mismo quedaron bien? ¿Qué parte salió deficiente? ¿Cuáles fueron algunos de nuestros puntos débiles? ¿Cómo podremos hacerlo mejor la próxima vez? ¿Cuáles son los valores que ha tenido para nuestra experiencia?

Valores

Se hace uso de determinado método de enseñanza porque él ayuda a que ella sea efectiva. ¿Cuáles son algunas de las ventajas del proyecto para la enseñanza?

1.— Hace el aprendizaje más interesante.

2.— La clase aprende por medio de una actividad significativa, escogida por los miembros de la misma.

3.— Un proyecto a menudo robustece la sensibilidad individual y despierta el interés por las necesidades de los demás.

4.— También desarrolla las capacidades de dirigentes de los miembros de la clase al asumir ellos diversas responsabilidades.

5.— Enseña a los miembros el valor de la cooperación al trabajar juntos los unos con los otros.

6.— Robustece el concepto de que la religón debe expresarse prácticamente y no simplemente hablar acerca de ella en la iglesia.

7.— Los miembros están aprendiendo mientras llevan a la práctica la actividad. Por ejemplo, si la clase decide interesarse en un proyecto misionero, el servicio será muy útil. Además, mientras los miembros de la clase se hallan ocupados en esta actividad, probablemente aprenderán más acerca del verdadero espíritu misionero de lo que aprenderían si estuvieran escuchando a un maestro en una serie de sesiones de la clase en la escuela dominical.

8.— El proyecto hace que la enseñanza perdure más y sea más significativa.

Advertencias

Se hace necesario dar ciertas advertencias a los maestros que estén pensando en la posibilidad de usar el método de proyectos.

1.— El maestro debe estar bien seguro de que la actividad propuesta está relacionada con la clase de enseñanza que él desea dar. El debe tener cuidado de no interesar a la clase en un proyecto simplemente para tenerlos ocupados en alguna actividad.

2.— El maestro también se guardará de imponer actividad alguna a los miembros de la clase. Ellos deben escogerla libremente.

3.— Mientras la clase se ocupa en algún proyecto, especialmente si se trata de alguno en que se presta algún servicio a otros, el maestro debe tener la precaución de que no se desarrolle entre los miembros un espíritu farisaico o una actitud de que "yo soy mejor que tú". Por ejemplo, si la clase está buscando ayudar a algún grupo de personas necesitadas, no debe hacerlo con una actitud de condescendencia, por el contrario, deben sentir con esas personas e identificarse con el grupo al cual desean servir.

4.— El usar un proyecto requiere tiempo. Se necesita tiempo para discutir y hacer los planes durante la sesión de la clase. Tanto el maestro como los alumnos necesitan tiempo para ponerlo en práctica y tanto unos como otros deben estar dispuestos a darlo. Lo que se va a aprender y el servicio que se va a prestar deben ser dignos del tiempo que se va a emplear.

5.— El maestro debe evitar el excesivo uso de los proyectos y las lecciones en las cuales se vaya a usar deben ser seleccionadas muy cuidadosamente por él. No se puede afirmar con qué frecuencia deberá usarse este método. Uno de los factores que es preciso tener en cuenta es la manera en que la clase responde y otro factor es la clase de lección que se está enseñando. Otro factor es la dificultad que representa el uso de este método. Los proyectos sencillos, en los que tomarán parte los grupos más jóvenes con mayor facilidad, podrán usarse más frecuentemente. Los proyectos más difíciles y complejos se usarán con menos frecuencia.

Dirección en la Preparación de la Lección

El superintendente del departamento debería usar este método solamente cuando los maestros tienen la clase de lección con la cual debería usarse un proyecto. El superintendente habrá de guiar a los maestros en la preparación de la lección, ayudándoles a determinar cuál ha de ser su finalidad, cómo han de empezar la lección con interés y cómo habrán de buscar el desarrollo de la lección de manera que la clase experimente las dos cosas: la sensación de una necesidad y el deseo de cubrir esa necesidad. En este punto es que se puede considerar cómo podría usar un proyecto.

Las siguientes preguntas pueden servir de orientación.

1.— ¿Qué proyecto (o posibles proyectos) tiene el maestro en mente en los cuales podría interesar a la clase?

2.— ¿Se relaciona el proyecto directamente con la meta de la lección que el maestro tiene pensada?

3.— ¿Es la lección global, tal como la ha planeado el maestro, suficientemente interesante y significativa para que tenga una buena posibilidad de que la clase quiera llevarla a un proyecto?

4.— Cómo piensa el maestro llevar a la clase a enfrentarse con la pregunta: "Y ahora, ¿qué vamos a hacer con respecto a esto?"

(1) ¿Es la clase la que va a iniciar el proyecto? Si es así, ¿cómo piensa el maestro estimular y alentar a la clase para que lo inicie?

(2) ¿Se propone el maestro iniciar él mismo el proyecto? Si es así, ¿cómo piensa hacerlo de modo que no parezca que está dominando la clase?

(3) ¿Está preparado el maestro para adaptarse si la clase escoge un proyecto que sea distinto del que él había planeado?

5.— ¿Qué planes necesitará la clase hacer para llevar a la práctica el proyecto?

6.— ¿Qué planes es necesario hacer para evaluar el proyecto y discutir los valores educativos de la experiencia?

7.— ¿Se han seguido y observado los distintos pasos al planear el proyecto?

8.— ¿Cuánto tiempo tomará esta parte de la lección? ¿Se ha planeado el resto de la lección de manera que quede suficiente tiempo para esta parte?

12.- Ayudas Visuales

"Señor FERNANDEZ, cuando los cuatro hombres bajaron a su amigo por una abertura en el techo en frente de Jesús, ¿cómo fue que ellos no se cayeron? ¿Cómo pudieron trepar al techo con su amigo enfermo?" Juanito, un primario de diez años, le hizo a su maestro esa pregunta que le había tenido preocupado durante todo el período de clase. Naturalmente, el señor Fernández podría haberle explicado que el techo era plano, pero hubiera sido mucho mejor para Juanito si su maestro le hubiera podido mostrar un grabado de una casa de Palestina con su tejado plano y con su escalera de la parte de afuera, pegada a la pared para poder subir del suelo al techo. El maestro también le podría haber explicado que los judíos a menudo secaban la fruta al sol en el terrado o se sentaban allí para tomar el fresco al anochecer o se iban allí a orar como le sucedió a Pedro cuando tuvo la visión (Hechos 10:9). El tener un grabado a mano hubiera hecho la enseñanza más vívida que las meras palabras de la explicación oral.

Los medios auxiliares visuales se están usando más y más para la enseñanza y el entrenamiento en muchos campos distintos. A los niños les es muy familiar el valor de los medios visuales tanto en proyecciones como fuera de ellas, por medio de su uso en las escuelas públicas. Las fuerzas armadas y las empresas mercantiles también los están usando muy extensivamente. Existe amplia evidencia experimental de que el uso de los medios auxiliares visuales ayudan a una persona a aprender más, a aprender más rápidamente y a recordar por más tiempo. Seguramente que los maestros cristianos querrán aprovechar el uso de estos medios efectivos auxiliares para mejorar la enseñanza en la escuela dominical.

En verdad, hay ciertas dificultades que surgen al enseñar la Biblia que hacen casi imperativo el uso de medios auxiliares visuales. La Biblia es un libro antiguo que trata de la vida y las costumbres de un pueblo antiguo y se necesita algo para darle vida a la representación de este pueblo y sus costumbres. Cuando Jesús le dijo a un enfermo que cogiera su lecho y que caminara, ¿qué clase de cama era la que tenía aquel hombre? María "dio a luz su primogénito y lo envolvió en pañales". ¿Qué son "pañales"? Un grabado aclararía esto ante la clase. La Escritura nos dice también que "lo acostó en un pesebre". ¿Era esto algo fuera de lo corriente? ¿Qué clase de casa era en la que vivía un judío de la clase media? ¿Vivían los animales en la casa con él? El uso de los medios auxiliares visuales ilustraría todas estas costumbres.

Al considerar el uso de los medios auxiliares visuales en la enseñanza, discutiremos primero los que no son de proyección y esto no se hace por casualidad. Por término medio, cuando el maestro piensa en medios auxiliares visuales, a menudo piensa solamente en los que son de proyección como las cintas cinematográficas, las diapositivas y las cintas cortas. Es verdad que los medios auxiliares tienen más atractivo cuando son de proyección, pero en la escuela dominical lo probable es que los que no son de proyección se usen con más frecuencia. Estos son menos costosos, probablemente los hay en muchas aulas y son sencillos de usar. Es preciso estimular a los maestros para que usen con más efectividad las ayudas visuales que actualmente tienen a la mano. Si se hiciera una lista parcial de todos estos medios auxiliares que no tienen que ver con las proyecciones, habría que incluir pizarrones, mapas, grabados, excursiones, el tablero de los anuncios, objetos, modelos, cartas gráficas, gráficos y dramatización. Consideraremos más detalladamente los cuatro primeros. Nos referiremos sólo brevemente a los otros.

El Pizarrón

Probablemente el pizarrón es el medio auxiliar visual más adaptable de todos los que el maestro tiene a su disposición. Si se fuera a calcular el valor de todos los medios auxiliares visuales, tanto de los que se usan en la proyección como de los que no se usan en ella, refiriéndonos a la facilidad en su manejo, accesibilidad, efectividad y costo, es probable que el pizarrón se llevaría la palma. Sin embargo, lo trágico es que teniendo a la mano ese valioso instrumento para ayudar en la enseñanza, los maestros lo usan tan poco.

Ventajas. ¿Cuáles son algunas de las ventajas del pizarrón?

(1) Es económico. Su costo es relativamente reducido y se puede borrar y volverlo a usar una y otra vez.

(2) Está siempre al alcance. El maestro no tiene que buscar grabados por adelantado ni conseguir equipo de ninguna clase. El pizarrón está en su lugar cuando se le necesite.

(3) Es fácil de usar. Todo lo que se necesita para usar el pizarrón es saber escribir.

(4) Enfoca la atención de la clase. Es casi automático que la clase concentre su atención para ver lo que se escribe en el pizarrón. El maestro podría probar con este experimento. Mientras él le dirige la palabra a la clase, que haga que un alumno escriba algo en la pizarra y verá cómo los ojos de los miembros de la clase se vuelven

para mirar lo que se está escribiendo en la pizarra, aunque ellos saben que se supone que estén escuchando lo que el maestro está diciendo. El pizarrón es una gran ayuda para el maestro de un grupo de cualquiera edad. Cuando le parece que la atención se está distrayendo puede volverse a la pizarra y escribir cualquier cosa que él estime que sea pertinente y que tenga relación con lo que él está diciendo.

(5) Tal vez lo más importante de todo sea que el pizarrón ayuda a la enseñanza. El maestro tiene dos oportunidades de transmitir lo que quiere enseñar: cuando presenta verbalmente su enseñanza y cuando escribe las ideas principales en el pizarrón. Se ha calculado que del 75 al 90 por ciento de lo que se aprende es por medio de la vista. Siendo esto así ¡cuánta importancia tiene que el maestro apele a la vista tanto como al oído!

Clases de pizarrón. Hay distintas clases de pizarrón, entre las cuales se puede escoger. Para el departamento cuando se reune en asamblea, uno que esté en un trípode sobre ruedas es una buena selección. En el aula, el maestro tendrá que decidir si le conviene mejor uno cuya instalación sea fija o uno movible. El tamaño dependerá del espacio de que se disponga, pero siempre debe evitarse que el pizarrón sea demasiado pequeño. También se puede escoger uno que sea de combinación: una parte pizarrón y en la otra para poner anuncios en tablero para el boletín. En cuanto al color, una buena tonalidad de verde parece ser la mejor. Un pizarrón movible parece ser el más conveniente siempre que se pueda colgar de manera que no se bambolee cuando el maestro esté escribiendo en él. El comprar un pizarrón barato es una economía mal entendida. El lavar un pizarrón es la mejor manera de echarlo a perder, el pizarrón sólo debe limpiarse con un borrador limpio.

Uso.— El uso del pizarrón no tiene más límites que la ingeniosidad del maestro. Aquí damos una lista parcial de las cosas que en él se pueden hacer y los maestros podrán añadir bastante más.

(1) Dar énfasis a las ideas presentadas por el maestro.

(2) Hacer una lista de las sugerencias presentadas por la clase. Al hacer esto se ayuda al grupo a visualizar sus pensamientos y se le capacita para evaluarlos.

(3) Sirve para poner ante la clase puntos opuestos o en contraste para su consideración.

(4) Para aclarar palabras nuevas o que no son muy conocidas.

(5) Para presentar estadísticas ante la clase. Las estadísticas que sólo se presentan de una manera hablada se olvidan pronto y a menudo nunca se comprenden con claridad.

(6) Para presentar el bosquejo de una lección.

(7) Para hacer dibujos o esquemas.

(8) Para dibujar mapas.

(9) Para dibujar gráficos o cartas topográficas.

(10) Para presentar los informes de la clase o departamentos.
Principios a seguir para su utilización. Poniendo en práctica estos sencillos principios se hará más efectivo el uso a que el maestro dedique el pizarrón.

(1) Como parte del plan de la lección debe pensar en qué forma va a usar el pizarrón. ¿Escribirá el bosquejo de la lección? ¿Hará una lista de las ideas presentadas por la clase? ¿Será conveniente hacer una lista de las ideas opuestas? ¿Usará un esbozo, un dibujo o un gráfico? Esto no quiere decir que no habrá oportunidades en que el maestro usará el pizarrón bajo la impresión del momento, pero sí quiere decir que algunos de los planes deben hacerse con anticipación.

(2) Todo el material que se ponga en el pizarrón debe estar en relación con la enseñanza que se desea impartir.

(3) Es axiomático que el material que se ponga en el pizarrón debe ser legible. En primer lugar: las letras deben ser de tamaño suficientemente grande y claro para que toda la clase las pueda leer. No es imprescindible que el maestro tenga una caligrafía o escritura hermosa, pero sí debe preocuparse cuando está escribiendo en el pizarrón de que sea legible lo que escribe.

(4) El material que se escribe debe ser sencillo y tan breve y conciso como sea posible. A menudo una palabra o una frase puede expresar el sentido de una oración completa. Casi siempre los pizarrones de las aulas son pequeños y el maestro debe aprovechar el espacio disponible siendo conciso.

(5) Otra de las cosas que debe evitar el maestro es poner demasiado material sobre el pizarrón de una sola vez. Como regla general, el maestro no debe poner el bosquejo completo de la lección en el pizarrón antes de la clase ni al comenzar ésta. El interés por parte de los miembros de la clase se sostiene de una manera más efectiva si se pone en el pizarrón cada punto o división de la lección a medida que se va llegando a una etapa distinta. El interés de la clase se sostiene mejor si no se sabe lo que va a pasar después. También la acción de escribir en el pizarrón servirá para llamar la atención de los oyentes al punto que en ese momento se está enfatizando.

(6) Se tendrá cuidado de borrar todo el material que no se relacione con lo que se está diciendo. La escritura o las marcas que no se relacionen con lo que el maestro está haciendo tienden a distraer la clase. Es preferible empezar con un pizarrón limpio todos los domingos.

Mapas

Si el pizarrón es la ayuda visual menos apreciada en las clases de la escuela dominical, el mapa queda en segundo lugar como ayuda visual descuidada. Con demasiada frecuencia, hay mapas en el aula y los maestros nunca se refieren a ellos. Los acontecimientos mundiales del día hacen que la gente esté familiarizada con lugares que nunca antes habían oído mencionar. Por esto, el mapa puede y debe ser para el maestro cristiano una ayuda de creciente importancia.

Tipos distintos. Hay distintas clases de mapas que se necesitan en el aula. Sin embargo, el costo que significa la compra de varios mapas para cada aula hace que el problema de la selección sea sumamente difícil. Algunas iglesias compran una colección de mapas y los guardan en la biblioteca para que los maestros que los necesiten se los lleven prestados. Sin embargo, puede muy bien suceder que en determinado domingo haya un número de maestros que necesiten usar el mismo mapa y tal vez no haya el número suficiente para que todos alcancen. Se sugiere que la iglesia consulte con los funcionarios de la denominación, o del estado, que tienen a su cargo las ayudas visuales para que los orienten en la selección de mapas para el uso del aula.

(1) El globo es el más exacto de todos los mapas, puesto que tiene la misma forma que la tierra, pero tiene dos desventajas prácticas. Primeramente, es pequeño y cuando se estudia un país pequeño como Palestina, faltarán detalles. Segundo: es difícil encontrarle un lugar apropiado en el aula, a menos que se guarde en la biblioteca de la iglesia.

(2) Un mapa en relieve muestra la topografía del país, indicando las montañas, las llanuras y los valles. Este tipo de mapa ayudaría a la clase a comprender el dicho de Jesús de que el Buen Samaritano "descendía de Jerusalén a Jericó."

(3) Un mapa liso es el que más comunmente se usa en las escuelas dominicales. Los mapas lisos de los tiempos bíblicos se pueden conseguir en diferentes dibujos:

a. *De acuerdo con el período histórico.*— El maestro puede conseguir un mapa de Palestina durante el tiempo de Abraham, Palestina en la época del reino dividido, o Palestina durante el tiempo de Jesús. Si dais un vistazo a los mapas al final de vuestra Biblia, veréis la diferencia que hay entre ellos.

b. *De acuerdo con determinado propósito.* Hay un mapa en que se muestran las peregrinaciones de los israelitas en el desierto, otro en que se ven los viajes misioneros de Pablo, otro en que se ven los acontecimientos de la vida de Jesús y otro más con los campos de los misioneros modernos.

c. *De acuerdo con el área.* El maestro puede conseguir un mapa en el que se vea solamente a Palestina, otro de Babilonia y Palestina en el que puede señalar los viajes de Abraham, y uno de Egipto y Palestina en el que puede marcar el viaje de los Hijos de Israel hasta la Tierra Prometida, o un mapa de todo el Cercano Oriente en el cual se pueden ver los viajes misioneros de Pablo.

(4) Si ello está dentro de sus posibilidades, el maestro deberá conseguirse un atlas bíblico y, en realidad, debería haber una o más

copias de ese atlas en la biblioteca de la iglesia para referencia. Ese atlas contiene mapas, ilustraciones e información acerca de la situación topográfica y de los acontecimientos históricos. *Mapas hechos por los alumnos.* Se puede considerar esta clase de mapas como un tipo de mapa, pero a causa de su valor como auxiliar de la enseñanza, vamos a separarlo para darle una atención especial. Podría estimularse a la clase para realizar un proyecto con el mapa topográfico de Palestina. Se puede usar una sencilla pasta hecha con harina, alumbre y sal. Para hacer este mapa, los alumnos tendrán que llevar a cabo un cuidadoso estudio de la tierra de Palestina, sus montañas, valles y ríos. Es muy probable que al hacer este mapa aprendan más acerca de Palestina de lo que aprenderían de ninguna otra manera. También se puede hacer un mapa liso o dibujo, de los viajes de Pablo, de la vida de Jesús, o de los viajes de Abraham, mostrando los distintos sucesos que ocurrieron en los diversos lugares. Al hacer estos mapas, lo importante no es el hacerlos con mayor o menor perfección sino la información adquirida. Las oportunidades para enseñar por este medio son numerosas y puesto que lo que se aprende de esta manera tiende a perdurar, el maestro se alienta para hacer uso de ella.

Propósitos. Son varios los propósitos que sirve un mapa en el proceso de la enseñanza.

(1) Enseña la situación de una ciudad o país, por ejemplo, Jope, Nazaret, Judá, Samaria, Asiria.

(2) Enseña qué clase de país es aquel donde tuvo lugar determinado acontecimiento, como las peregrinaciones de los israelitas, en el desierto.

(3) Señala un viaje: como los viajes misioneros de Pablo.

(4) Muestra las relaciones y las distancias, como la de Dan hasta Beerseba.

(5) Relaciona los acontecimientos de la Biblia con los lugares geográficos modernos.

Principios que rigen la manera de utilizarlos. Como otras muchas ayudas de la enseñanza, el mapa debe usarse debidamente para obtener el beneficio máximo y para ello aquí damos algunas sugerencias.

(1) El mapa debe estar a mano cuando se le necesite.

(2) Esto significa que de antemano el maestro debe hacer sus planes para saber cuándo y cómo se va a hacer uso del mapa y esto debe hacerlo mientras está preparando la lección. El mapa debe estar en el aula al principio de la clase y el maestro debe estar seguro de que ese es precisamente el mapa que necesita. El sabrá exactamente cómo y con qué propósito lo va a usar.

(3) El mapa debe ser suficientemente grande para que toda la clase lo pueda ver. Esta es tal vez la falta que se comete más a menudo cuando se usan los mapas. El maestro apunta a un lugar en el mapa y la clase no ve más que un punto borroso al que apunta el

dedo del maestro. La clase debe ser lo suficientemente limitada para que todos puedan observar de cerca el mapa, o de lo contrario, éste debe ser lo suficientemente grande para que todos lo puedan ver.

(4) El maestro se ocupará de que la clase entienda la escala y los símbolos que se usan en el mapa. La clase tiene que saber si una pulgada representa un kilómetro o diez kilómetros.

(5) Finalmente, el maestro habrá de usar el mapa en el momento oportuno, tal como cuando se necesita información.

Grabados

Los grabados se han usado mucho con los niños pequeños. A menudo, la denominación provee los grabados especiales para la enseñanza, los cuales van correlacionados con la lección, ya sea para párvulos, principiantes, primarios u otros departamentos. Esos grabados no son costosos y son bastante buenos y las personas encargadas de la enseñanza en estos distintos grupos no hay duda que estarán dispuestas a hacer uso de ellos. No obstante, los grabados pueden usarse en todos los grupos, de cualquier edad que sean y se pueden encontrar en libros, periódicos, revistas y en otros lugares.

Las ilustraciones tienen un valor definido en el proceso de la enseñanza. Se puede hacer uso de ellas para ayudar a la clase a comprender alguna cosa que no le es familiar, tal como la manera de vestir, la gente, la tierra y las costumbres en los tiempos bíblicos o en países extranjeros. Estas ilustraciones se pueden conseguir fácilmente y algunas veces son gratis y otras de muy poco costo. El maestro con imaginación encontrará numerosos grabados que podrá usar. Los podrá encontrar en las revistas misioneras nacionales y extranjeras de su denominación, en el *National Geographic Magazine*, y en otras revistas similares que le proporcionarán muchos grabados que han de llevar mucha luz y ser muy interesantes para la clase, cualquiera que sea la edad del grupo. En los periódicos y en las revistas también se pueden encontrar grabados que pueden ilustrar ciertos puntos de la lección. El maestro necesita tener esto en la mente para recortar esos grabados siempre que los encuentre y aquellos grabados que han de usarse a menudo deberán montarse y catalogarse.

Son muchas las maneras en que se pueden usar los grabados. Se pueden usar para llamar la atención y estimular el interés al introducir la lección. Si ésta ha de tratar del problema del alcohol, se podría usar una serie de anuncios de whiskey, recortados de alguna revista y el maestro puede encontrar un grabado de un accidente de automóvil causado por un chofer borracho. Esto enfocará la atención de la clase sobre el problema de que va a tratar la lección. O tal vez se podrían presentar otros grabados para ilustrar algún punto que el maestro esté tratando de ilustrar. Un grabado le puede mostrar a la clase el hambre que se sufre en ciertas regiones, o tal vez uno de los barrios bajos. Por medio de grabados se puede ilustrar la manera de vestir o las costumbres de los tiempos bíblicos.

Cuando se usan los grabados, el maestro ha de tener en cuenta ciertos principios. El grabado debe formar parte integral del plan general de la lección, lo cual significa que el maestro ha de planear con anticipación cómo y cuándo hacer uso del grabado. Este debe ser lo suficientemente grande para que toda la clase lo pueda ver claramente, o hacer algún otro arreglo para que la clase lo vea de cerca y el maestro debe ir haciendo los comentarios a medida que los miembros de la clase ven el grabado de cerca. El debe indicarles aquello en que desea se fijen para que no pasen por alto la idea que tuvo el maestro al presentar el grabado. Cuando de esto se trate, no debe procederse con demasiada prisa, los miembros de la clase necesitan tiempo para estudiar el grabado.

Excursiones

Una excursión al campo o una excursión de observación le proporciona a la clase una experiencia directa de algo que no se puede trasladar al aula. Difiere de una excursión como proyecto, porque en éste el rendir un servicio es el motivo primordial. Una excursión al campo es una excursión que se hace principalmente con un motivo educacional en mente. Es una ayuda visual para aprender algo y casi siempre esta excursión se hace a una hora que no sea la que regularmente se dedica para la sesión de la clase.

Pasos a seguir. Para que la clase obtenga el máximo beneficio de una excursión, hay ciertos pasos que el maestro debe seguir cuidadosamente.

(1) *Propósito.* Los miembros de la clase deben ver claramente cuál es el propósito de la excursión al campo. Tienen que sentir una necesidad que ella les va a llenar. Recae sobre el maestro la tarea de dirigir la clase durante una sesión regular, de darse cuenta de alguna necesidad definida y de señalarles la posibilidad de satisfacer esa necesidad por medio de una excursión al campo.

(2) *Arreglos necesarios.* Con anticipación será preciso hacer ciertos arreglos. Hay que seleccionar el lugar que se va a visitar y hacer los contactos necesarios para el transporte y para un guía, si es preciso.

(3) *Preparación mediata adecuada.* Aunque la clase comprenda el propósito de la excursión, es también necesario el que se haga una preparación adicional, la cual comprende tres aspectos: Primero, el maestro necesitará aumentar el interés y la motivación de la clase con respecto a la excursión. Segundo, habrá de proporcionarles la debida orientación, dándoles una descripción general para que esperen de antemano lo que van a ver. Tercero, les debe dar una orientación específica sobre las cosas en que deben fijarse. La clase que no va más que a mirar tal vez pase por alto algunas de las cosas más importantes en que debían haberse fijado. Esta orientación será más efectiva si se le da a la clase una lista de las preguntas para las cuales deben encontrar la contestación en esta ex-

cursión. También pudiera ser que el maestro sugiriera que los miembros de la clase dijeran lo que querían ver y que hicieran una lista. Esta lista se puede enviar a la persona encargada del lugar que se va a visitar para que, si es posible, los miembros tengan la oportunidad de ver aquello que ha de dar la contestación a sus preguntas.

(4) *En marcha.* Mientras el grupo va de viaje, el maestro irá llamándoles la atención a los asuntos en que él desea que se fijen. Los componentes del grupo harán preguntas para aclarar algún aspecto que no comprenden o sobre el cual desean más información. Así va teniendo lugar y desarrollándose el proceso de analizar, evaluar y aplicar la información casi durante todo el viaje.

(5) *Discusión después de la excursión.* Para los fines de la enseñanza, este es uno de los pasos más importantes. Lo más pronto posible después de la excursión, se debe buscar la oportunidad de que los miembros de la clase puedan reunirse para discutir lo que vieron. Aquí surgirán preguntas y se les darán las respuestas. Así ellos concretarán los conceptos ganados e indicarán la impresión que hayan recibido.

(6) *Acción a seguir.* La clase decidirá sobre la acción que van a tomar. Naturalmente, si este viaje se dio con el propósito de obtener alguna información, entonces debe omitirse este paso.

(7) *Carta de cortesía.* Después de la excursión, es un gesto de cortesía enviar una carta a la persona encargada del lugar visitado, como muestra de aprecio. Esa expresión hace que la persona que tuvo a su cargo hacer los arreglos para recibir la visita sienta que su esfuerzo tuvo algún valor y la hace sentirse más dispuesta a atender a cualquier otro grupo que pudiera ir en otra ocasión.

Oportunidades para hacer excursiones. Una excursión puede ser una cosa tan sencilla como visitar un templo al final de la calle o tan complicada como dar un viaje fuera de la ciudad. Las oportunidades para aprender de las experiencias adquiridas por medio de las excursiones, son casi ilimitadas. Por lo menos, en un estado hay un plan de excursiones que duran varios días, en las cuales los participantes de las mismas visitan distintas instituciones denominacionales en el estado. Hay un seminario que alquila un ómnibus dos veces al año para llevar a los estudiantes en una excursión a las oficinas centrales de la denominación y esa excursión dura un día. Por regla general, el maestro de la escuela dominical no pretenderá organizar excursiones de esta clase más complicada. Sin embargo, en los alrededores de cualquier iglesia hay numerosas oportunidades para aprender algo. Las siguientes son dignas de que se las tome en cuenta:

Visitar una iglesia de otra fe.
Visitar una iglesia de otra denominación.
Visitar una área pobre en la comunidad.
Visitar un tribunal de justicia en sesión.

Visitar una cárcel.
Visitar la sala de emergencia de un hospital un sábado por la noche.
Visitar una universidad denominacional.
Visitar la oficina central denominacional.
Visitar un Hogar para Niños, denominacional.
Visitar un Hogar de Ancianos.

Ventajas de una excursión al campo. Esta clase de excursión produce una clase de impacto que sólo se obtiene con una experiencia personal. Hace la enseñanza más real y más duradera porque ésta ha venido por medio de una actividad.

La excursión al campo desarrolla determinadas actitudes al mismo tiempo que proporciona informaciones reales. Muy a menudo, las actitudes de las personas son vacías y superficiales porque están basadas sobre informes de segunda mano. Los cristianos hablan con mucha volubilidad acerca de la necesidad de eliminar el tráfico del licor pero una visita a la sala de emergencias del hospital de cualquier ciudad el sábado por la noche haría que su actitud tuviera más convicción por haber observado directamente los resultados de este mal, y *harían* algo para remediarlo. Los cristianos hablan acerca de su preocupación por las personas menos privilegiadas en la comunidad, pero si se dan una vuelta por los barrios pobres tendrá mayor significado esa preocupación, de manera que tendrán interés en que se haga algo para aliviar esa situación.

El Tablero de los Anuncios

El tablero de los anuncios en el aula de la escuela dominical se usa a menudo para los anuncios, carteles y otros materiales de promoción. Pero lo que aquí nos interesa es el uso de este tablero como un auxiliar para la enseñanza. Cada vez que los miembros de la clase echen un vistazo al tablero se recordarán de la verdad que se discutió y esto les ayuda a que no caiga en el vacío lo aprendido. Se debe estimular a los miembros de la clase para que traigan grabados y otras informaciones relacionadas con el estudio que se esté haciendo.

Se deben tener presentes por lo menos tres principios al hacer uso del tablero de anuncios. En primer lugar, el material que en él se coloque debe estar relacionado con el estudio que se esté realizando. Segundo: el material que esté presentado en el tablero debe conservarse fresco y de actualidad. Y tercero: ese material debe ser presentado de una manera atractiva.

Objetos

Un objeto puede describirse como la cosa misma. El hombre empezó a aprender por primera vez al entrar en relación con las cosas y todavía sigue aprendiendo de esa manera. Por medio del uso de objetos, el maestro le da a la clase una relación directa con ciertas cosas con las cuales puede que no esté familiarizada. Puesto que la clase no puede transportarse a lugares lejanos donde se está realizando trabajo misionero, algo de ese ambiente desconocido, como ropa, monedas y artículos del hogar, pueden ser traídos ante la clase. Hay una iglesia donde mantienen un museo de objetos y artículos traídos por misioneros desde otros países. Los maestros pueden pedirlos prestados cuando los necesiten. También se pueden usar con mucha efectividad objetos de los tiempos bíblicos tales como un pequeño *ora* (rollo) judío, que podría comprarse por un precio pequeño para enseñárselo a la clase. Lo mismo se podría hacer con una lámpara palestina, una moneda o algún otro objeto pequeño que ayudaría muchísimo a hacer más real la enseñanza.

Modelos

Se puede describir un modelo como una reproducción de la cosa misma. En la actualidad, todos los niños conocen bien los modelos por la experiencia que con ellos han tenido tanto en la escuela como en sus juegos. Casi todos los muchachos han hecho alguna vez un modelo de aeroplano, automóvil o de un bote. Los alumnos están familiarizados con los modelos por el uso de ellos en las fuerzas armadas o en el entrenamiento para los negocios. En la práctica, a veces resulta más efectivo en la enseñanza el uso de un modelo que el objeto mismo.

Esta discusión tiene como tema principal los modelos que la clase puede hacer. A medida que los miembros van reuniendo la información necesaria para construir un modelo, tiene lugar un proceso valioso para la enseñanza. Por ejemplo, aunque los cristianos hayan estudiado acerca del templo de Jerusalén durante toda su vida, no hay muchos que tengan una idea clara de su aspecto general. Podría dirigirse a la clase para construir un modelo del Templo, mostrando el Muro de las Lamentaciones, el Patio de los Gentiles, el Patio de las Mujeres, el Patio de Israel, el Patio de los Sacerdotes y el propio Templo o santuario, en el cual había dos salas. La clase aprendería más acerca del Templo en el proceso de estudiar y hacer un modelo, que lo que podría aprender de ninguna otra manera. La clase también podría construir un modelo de la ciudad de Jerusalén, otro modelo de un hogar palestino y así sucesivamente.

El modelo no tiene que ser precisamente un modelo de perfección, a menos que la clase decida que lo sea. Lo importante es lo que se aprende. Naturalmente, se lleva tiempo hacer un modelo, pero el maestro dedicado a su tarea querrá ayudar a sus alumnos a aprender de una manera más efectiva con esta ayuda. Los modelos deben conservarse para poder usarlos en otras clases.

Cartas Gráficas

Las cartas gráficas se usan para mostrar la relación entre personas, ideas, lugares o cosas. Se hace mucho uso de ellas y con buen éxito en las actividades mercantiles y también se pueden usar así en las clases de la escuela dominical. Pueden ser grandes para el uso de toda la clase y que todos lo puedan ver o pueden ser pequeños para uso individual. Se pueden montar en papel o en cartón del que se usa para los carteles si el uso a que se destinen va a ser más permanente, o se pueden dibujar sobre el pizarrón si sólo se van a usar temporalmente. Una clase de jóvenes adultos dibujó una gran carta gráfica de la historia hebrea primitiva, mostrando los personajes principales, las fechas más notables y los principales acontecimientos. Por primera vez esta historia fue algo real para ellos. Se puede hacer una carta gráfica del Período del Reino Dividido mostrando los distintos reyes, las fechas cuando gobernaron y los principales acontecimientos durante sus reinados. También se puede hacer un "árbol genealógico" mostrando la ramificación de la familia de José. Si la clase está estudiando en las lecciones de su trimestre "Los Profetas del Siglo Octavo", probablemente les interese hacer una carta gráfica con diversas columnas y, a medida que progresa el estudio, ir llenando en cada columna la información con los nombres de cada profeta, las fechas, los países en que desarrollaron su labor, el rey que gobernaba durante ese tiempo, la condición moral y espiritual de la nación y el mensaje esencial del profeta. Una carta de esta clase les ayudaría a los miembros a ver estos acontecimientos y la relación de unos con los otros con toda claridad.

Gráficos

Un gráfico es una presentación visual de datos estadísticos o numéricos. Las estadísticas que se dan verbalmente a menudo no significan nada y pronto se olvidan. Una presentación visual ayuda a la clase a ver las distintas relaciones y a hacer comparaciones con más claridad. Los gráficos pueden ser grandes o pequeños y se pueden dibujar en papel, en cartón, o en el pizarrón. No es necesario una exactitud completa en los detalles para darle a la clase la idea general que se desea. Si la lección trata del Programa Cooperativo, el maestro podría usar un gráfico de pastel (un círculo dividido en segmentos) para demostrar a la clase el tanto por ciento que corresponde a cada división. Si la lección trata de mayordomía, el maestro puede usar una carta gráfica que reproduzca el presupuesto de la iglesia local. En el caso de que la lección trate de misiones, el maestro podrá usar un papel cuadriculado mostrando el tanto por ciento del presupuesto de la iglesia local que se usa para los gastos locales y la cantidad que se separa para las misiones. En vez de leer en voz alta el record de la asistencia cada domingo, se podría llevar una línea gráfica en la clase o en el departamento para demostrar la asistencia de varios domingos durante algunos de los años anteriores y se podría usar una línea de distinto color para cada año. Siempre que sean necesarias las estadísticas, una presentación visual es una necesidad casi perentoria.

Dramatización

La dramatización se ha usado mucho en la enseñanza de los niños pequeños, pero los que tienen a su cargo grupos de los que son un poco mayores —y aun adultos— han perdido una verdadera oportunidad en sus años de enseñanza por no haber empleado la dramatización. Esto no quiere decir que los adultos deberían de ser estimulados para que representen la historia del Buen Samaritano. Entonces, ¿cómo se puede dramatizar para estos grupos?

El espacio no nos permite llevar a cabo una amplia discusión de este tema, pero las personas de todas las edades disfrutan mucho, tanto cuando participan en una dramatización como cuando la presencian, y tanto la experiencia de participar en ella como la de observarla, son dos experiencias en que se aprende bastante. El desempeñar algún papel es una clase de dramatización que se puede hacer en el aula durante el período de la clase. Si la lección está basada sobre el versículo, "La blanda respuesta quita la ira, mas la palabra áspera hace subir el furor" (Prov. 15:1), el maestro de una clase de muchachos entre doce años y diecinueve podría pedirle a dos miembros de la clase que representen esta situación: Un muchacho está muy enojado y está buscando armarle bronca al otro. El otro muchacho procura comportarse como un verdadero cristiano y da una respuesta moderada. Después que esta situación ha sido representada espontáneamente durante dos o tres minutos, el maestro puede dirigir la clase a considerar las siguientes preguntas: ¿Qué sentía el que estaba enojado al recibir una respuesta suave? ¿Cómo se sentiría el que daba las respuestas suaves? ¿Se podría considerar como cobardía el dar respuestas pacíficas? ¿Dio resultado este método?

Una clase de adultos podría estudiar el libro de Job durante algunos domingos y se inclinarían a escribir un drama sobre el libro en lenguaje moderno. Mientras estudian el libro para escribir lo que ha de decir cada personaje, aprenderán más acerca del significado esencial del libro que lo que nunca antes habían conocido.

Guía para la Preparación de la Lección

Las siguientes preguntas servirán de guía para el superintendente y los maestros al prepararse para la lección que han de enseñar el próximo domingo.

1.— ¿Se puede usar el pizarrón para enseñar la lección?
2.— Si es así, ¿cómo se habrá de usar?
(1).— ¿Para hacer un bosquejo?

(2).— ¿Para dar énfasis en determinados puntos?
(3).— ¿Para hacer una lista de las ideas de la clase?
(4).— ¿En alguna otra manera?

3.— ¿En qué partes de la lección debe usarse el pizarrón?

4.— ¿Habrá oportunidad de usar un mapa en esta lección?

5.— ¿Con qué propósito se debe usar? ¿Cuándo y cómo debe entrar en el plan de la lección?

6.— ¿Sería oportuno que la clase hiciese un mapa para grabar la enseñanza?

7.— ¿Contribuiría el uso de los grabados al mejor aprendizaje de la lección?

8.— ¿Cómo habrían de usarse?
(1) ¿Para introducir la lección?
(2) ¿Para ilustrar algún punto?
(3) ¿De alguna otra manera?

9. ¿Debería la clase hacer alguna excursión para profundizar y ensanchar la enseñanza?

10.— ¿Qué arreglos sería preciso hacer?

11.— ¿Se puede usar el tablero de anuncios en la enseñanza de esta lección?

12.— ¿Sería más realista la enseñanza si se usaran algunos objetos?

13.— ¿Sería conveniente dirigir a la clase para que haga un modelo?

14.— Si se usa una carta gráfica, ¿ayudará esto a que la clase vea más claramente las relaciones históricas de la lección? ¿Sería mejor hacer esa carta gráfica de una manera permanente (sobre papel o cartón) o bastaría con hacerla sencillamente en el pizarrón?

15.— El uso de un gráfico, ¿hará que las estadísticas tengan más significado?

16.— ¿Habrá alguna oportunidad para hacer una dramatización?

13.- Medios Auxiliares Visuales de Proyección

LA EFECTIVIDAD DE LOS MEDIOS AUXILIARES DE PRO-
YECCION ha quedado demostrada fuera de toda duda en las escuelas
públicas, en las fuerzas armadas y en el mundo de los negocios y
son igualmente efectivos cuando se usan en la escuela dominical.
Los cuatro tipos de que vamos a tratar en esta discusión son las
películas cinematográficas, las películas de vistas fijas, las vistas fijas
deslizables[1] y la proyección opaca.

Los medios auxiliares proyectables utilizan ciertos principios
básicos de la enseñanza. Primeramente, el aprender se basa en el
interés. Esas ayudas, por medio de la proyección, cualquiera que sea
el tipo que se use, casi obligan la atención y el interés por parte
del que está aprendiendo. El cuarto oscuro y el cuadro proyectado
enfocan la atención sobre lo que se está mostrando.

Segundo, el aprendizaje se basa en la necesidad. Con frecuencia, una persona se da mejor cuenta de una necesidad en su vida
personal cuando se usa ayuda visual. Estas ayudas de proyección también se usan para llevar a los miembros de la clase a darse perfecta cuenta de las necesidades que hay en la sociedad o en
algún campo misionero. Es evidente cuanto más efectiva será una
presentación visual antes que una presentación verbal. Tercero, las
personas aprenden por medio de la actividad y las ayudas visuales
despiertan y estimulan la actividad mental. Los miembros de la
clase discuten más fácilmente lo que han visto y a menudo se estimulan para determinada acción en forma de proyectos. Cuarto, la
presentación visual ayuda en el problema de las diferencias individuales, ya que es un hecho conocido que no todos los miembros de
la clase tienen facilidad verbal. Esto es, que no pueden aprender
bien con el uso de las palabras solamente y aquí los grabados le
dan a todo el grupo una experiencia visual común. Aunque los materiales no proporcionan una experiencia directa, lo cierto es que
proporcionan una experiencia directa en la cual se puede participar
por representación.

[1] En algunos países se llaman DIAPOSITIVAS.—Nota de traducción.

El Problema del Verbalismo

Aquellas personas que se dedican a la enseñanza de la religión se ven constantemente obstaculizadas por el problema del verbalismo. En la práctica hay dos peligros latentes en este problema. El primero es el peligro de que los miembros de la clase puedan aprender palabras o términos que tengan poco o ningún significado para ellos. Cuando un maestro usa las palabras como el principal vehículo para enseñar una verdad cristiana, siempre existe la posibilidad de que los miembros aprendan esas palabras sin comprender el sentido real o completo de ellas. Una niña pedía a su mamá que le cantase el himno *Debilián*. Nadie sabía qué himno era ése hasta que un hermanito un poco mayor dijo que era el himno "Estás Tú triste, *débil y angustiado*, . . ." Y no solamente son los niños pequeños los que tienen este problema. Hay bastantes adultos que tartamudearán si se les pregunta el significado de las palabras regeneración, santificación, justificación y otras parecidas.

Hay un segundo peligro que es, si se quiere, todavía más serio. Cuando el maestro se sirve solamente de las palabras como medio de enseñar un ideal cristiano siempre hay el peligro de que los oyentes aprendan las palabras que describan la experiencia de que se trate sin experimentar la verdad misma. Claro está que el maestro desea que ellos aprendan el mensaje que se encierra en las palabras que usan, pero también desea mucho más que eso, él desea que ellos *experimenten* las verdades que aquellas palabras describen y el uso de los medios visuales auxiliares pueden ser una gran ayuda para vencer este problema. La presentación visual de la verdad en acción ayuda a los miembros a ver más claramente el significado de la verdad en su propia experiencia.

Las ayudas visuales proyectadas contribuyen a que las ideas abstractas se hagan más concretas. Se exhorta a los cristianos a "bendecir a los que os maldicen, haced bien a los que os aborrecen y orad por los que os maltratan y persiguen." Pero ¿cómo? ¿Cuáles son algunas de las experiencias comunes en la vida en las cuales esta verdad puede y debe expresarse? Las ayudas visuales pueden ayudar a darles vida a estas verdades y a concretarlas. Esa clase de ayudas capacitan al que está aprendiendo, a vencer las restricciones de una experiencia personal limitada. La experiencia personal de cada individuo está limitada por el tiempo. Sin embargo, una presentación visual le puede dar una reproducción de experiencias que otras personas han tenido en el pasado y con las cuales él se puede identificar.

La propia experiencia del que está aprendiendo también se ve limitada por el espacio. Una presentación visual puede traerles lugares lejanos, gentes de esos países, sus necesidades y sus problemas. Finalmente, aprendiendo por medio de la experiencia directa inmediata tiene la limitación de ciertos resultados no recomendables que pueden ir unidos a esas experiencias. Es evidente que no sería de desear que la juventud aprendiese los males del alcoholismo por medio de experiencias inmediatas. Pero una película puede ayudar a esa juventud a ver este mal claramente sin tener que sufrir ellos mismos esa experiencia.

Las ayudas visuales ayudan al que está aprendiendo a confrontar de una manera más realista los problemas sociales y personales. ¿Qué significa dar testimonio cristiano? ¿En qué aspectos el individuo no alcanza la meta? ¿Qué significa la mayordomía cristiana? ¿Cuáles son algunos de los problemas más agudos de la sociedad? ¿Qué se puede hacer con respecto a los mismos? Una presentación visual es la ayuda más efectiva para contribuir a que el que está aprendiendo cambie de actitud. Este es uno de los objetivos que un maestro cristiano desea más ardientemente. Lo que él ambiciona es ayudar a sus alumnos a desarrollar esas actitudes que son más cristianas y a expresar esas actitudes en las situaciones de la vida. Si una ayuda visual presenta una situación con atractivo emocional, el que la está viendo tiende a identificarse a sí mismo con las personas, o las causas, o con ambas cosas si le atraen emocionalmente. Las ayudas visuales proyectadas son instrumentos poderosos y efectivos que están al alcance del maestro que puede usarlos para conseguir sus objetivos espirituales y, claro está, que no dejará pasar esta oportunidad de usarlos.

Principios para Utilizar esos Medios Auxiliares

Las ayudas visuales, en particular las películas de cinematógrafo, han llegado a identificarse en las mentes de la mayoría de las personas con las diversiones y pasatiempos. Sin embargo, los materiales visuales que se usan en la escuela dominical no son en primer lugar para emplearlas como pasatiempos sino para aprender algo. Por esta razón, el maestro necesita comprender claramente la diferencia entre exhibir una película y usar una película. Para que el aprendizaje sea más efectivo hay ciertos principios que se deben seguir si se van a usar esos medios visuales, sea cual fuere el tipo de proyección de ayuda visual que se use. (Los experimentos indican que cuando se usan ciertos principios, incluyendo la introducción y el repaso, el éxito de la enseñanza aumenta hasta en un 50 por ciento.) Al hacer uso de los materiales auxiliares en proyección, el maestro debe comprender y seguir estos pasos al pie de la letra.

Propósito. El propósito escogido por el maestro determina todo lo demás que se va a hacer en la lección. El propósito, naturalmente, deberá estar basado en el pasaje de la Escritura que se esté estudiando y la necesidad específica de la clase en particular.

Material. ¿Hay algún material que trate de la lección y del propósito que el maestro ha seleccionado? Esto puede ser un factor determinante al escoger el tipo de medios auxiliares que se van a usar.

Hacer el pedido. Si hay que hacer el pedido del material a la librería de la denominación o a algún otro lugar, ha de hacerse el pedido con la debida anticipación porque la cantidad de materiales es limitada. El maestro no puede esperar a que llegue la semana en que se va a enseñar la lección para decidir si va a usar medios visuales auxiliares. Si el maestro decide usar una película de vistas fijas, o vistas fijas deslizables, estos materiales se pueden encontrar en la biblioteca de la iglesia local.

Inspección previa del material. Es absolutamente esencial el examen previo del material y el maestro debe pasarlo previamente, antes que nada, para familiarizarse personalmente con el mismo. Tiene que asegurarse de que no presentan ningún detalle con el que no está de acuerdo. Pero más que nada, él necesita pasar ese material por la pantalla para determinar cómo se va a usar y de qué manera va a encajar con el plan total de la lección. Algunos manuales de películas de vistas fijas contienen los grabados de la película para facilitar el examen previo.

Plan. El maestro formulará su plan de cómo se va a hacer la introducción del material visual. Y recuerden que el material se va a usar, no a exhibir. En la introducción se debe preparar a la clase para ver la presentación visual y guiarla para saber en qué aspectos deben concentrar su atención.

El maestro también preparará las preguntas adecuadas para la discusión después que la película o el otro material se haya presentado. En esta discusión y repaso, el maestro tendrá la oportunidad de guiar el pensamiento de la clase. ¿Qué nuevos conceptos han ganado? ¿Qué problemas surgieron? Se contestará a las preguntas y se harán los comentarios oportunos y tal vez algunos lleguen a hacer decisiones. Es por medio de esta discusión que el maestro procura alcanzar el objetivo de su lección. No se puede insistir demasiado sobre la importancia de una preparación cuidadosa en este sentido.

Equipo. Es muy conveniente preparar todo el equipo el sábado, si es posible. La mayor parte de las personas no pueden o no acostumbran a llegar a la iglesia temprano, el domingo por la mañana, con el tiempo suficiente para conseguir el equipo, armarlo y asegurarse de que la operación mecánica no tendrá ninguna interrupción, antes de que los miembros de la clase empiecen a llegar. Se deben registrar los toma-corrientes y el cuarto debe estar preparado para quedar a oscuras y con suficiente ventilación. Las sillas se deben colocar debidamente y todo ha de estar completamente listo para que no haya distracción alguna.

Introducción. Esta introducción debe ajustarse al plan de la lección que el maestro haya preparado y él debe indicarle a la clase el problema del cual trata el material, estimular el deseo de la clase por ver el material que se va a presentar y despertar algunas preguntas, cuyas respuestas la clase podrá encontrarlas en la presentación visual.

Presentación. Se harán los comentarios apropiados y las preguntas habrán de surgir durante la presentación de las cintas de vistas fijas, o de las vistas fijas deslizables o la proyección opaca, cualquiera que sea la clase de proyección que se use. Habrá oportunidades cuando el maestro no estará dispuesto, o no necesitará usar una película entera. También puede suceder que no vaya a usar más que una parte de la cinta de vistas fijas que se relacione directamente con el problema que la clase esté considerando. De esta manera, el medio auxiliar visual se convierte en una parte integrante del plan de la lección.

Discusión global. Después que se haya presentado el material visual, el maestro dirigirá la discusión de la clase acerca de lo que se haya visto. Se harán los comentarios, tanto por el maestro, como por la clase. Surgirán preguntas que deberán recibir las respuestas apropiadas, se aclararán los conceptos y se harán algunas decisiones.

Películas Cinematográficas

Será muy útil hacer una breve consideración acerca de los diversos tipos de auxiliares visuales de proyección. La película cinematográfica es probablemente el mejor conocido y por esa razón lo consideraremos en primer lugar.

Ventajas. Cada medio auxiliar tiene sus propias ventajas particulares, así como sus limitaciones. No hay ninguno de estos medios auxiliares que sirva para todas las ocasiones. Como el maestro es el que tiene que seleccionar el método con el que podrá alcanzar mejor el objetivo que persigue, así también debe seleccionar la ayuda visual particular con la cual conseguirá mejor su propósito.

(1).— La película cinematográfica atrae la atención y asegura el interés. Probablemente ninguna otra ayuda visual es tan efectiva como la película cinematográfica en este respecto.

(2).— Es de particular eficacia en aquellas situaciones en que el significado va unido al movimiento. Hay determinadas situaciones en que la clase necesita ver claramente la relación entre las cosas, las ideas, o los acontecimientos. Por ejemplo, una película cinematográfica puede representar de la manera más eficaz la causa y el efecto de la bebida en los hogares destruidos.

(3).— La ilusión del movimiento da una sensación de realidad. Cuando hay acción en la pantalla, esto hace que los personajes o los acontecimientos adquieran vida ante la clase. Pablo, como persona, adquiere vida y los acontecimientos que tuvieron lugar en sus viajes misioneros adquieren nuevo significado para los miembros de la clase cuando los ven en una película.

(4).— Debido a esta sensación de realidad, la película hace impacto en las emociones. Cuando la clase ve el hambre de tantas gentes en el mundo, los niños que quedan huérfanos como consecuencia de la guerra, los vicios y los males de la sociedad, las emociones sufren un impacto. Esto es importante en el proceso de la enseñanza porque las emociones tienen que despertarse antes que tenga lugar la acción.

Limitaciones. La película cinematográfica, aunque es muy efectiva, también tiene sus limitaciones.

(1).— Una consideración práctica es el costo que esto significa. El proyector de una cinta cinematográfica cuesta considerablemente más que los otros tipos de proyectores. También el alquiler de esa clase de películas es a veces muy alto.

(2).— El proyector de la película cinematográfica es más complicado que los otros tipos; sin embargo, no es difícil de manipular.

(3).— No es especialmente eficaz si el movimiento o la acción no son esenciales en la situación que se está viendo. Por ejemplo, si el maestro desea ayudar a la clase a observar el terreno montañoso de un país, una "vista fija" es generalmente más práctica que una película movida. O también si lo que el maestro desea mostrar a la clase es el tipo de trajes que se usan en determinado país, o la clase de casas en que vive la gente, la acción no es esencial y la información se transmitiría mucho mejor con la ayuda de grabados, vistas deslizables o películas de vistas fijas.

(4).— Mientras se está corriendo la cinta cinematográfica, el maestro queda relegado a un segundo lugar. Como la película pasa tan rápidamente, es difícil, si no imposible, que surjan preguntas y que éstas queden debidamente contestadas, ni que el maestro haga otra clase de comentarios o explicaciones. Esto es cierto solamente mientras se va desenrollando la cinta, pero en la introducción de la película y en el repaso, o resumen el maestro todavía tiene un papel de central importancia.

(5).— Cuando se usa una película cinematográfica, la actitud expectante de la clase es, generalmente, la de esperar una diversión. Por esta razón, el maestro ha de tener especial cuidado en la introducción y en la discusión del resumen de ayudar a la clase a aprender algo de esa presentación.

Dificultades. Aunque la película cinematográfica es un medio auxiliar grandemente efectivo para la enseñanza, hay ciertos problemas con que el maestro se enfrentará si se va a usar en una aula de la escuela dominical. Primero, lo voluminoso del equipo hace difícil su emplazamiento en una aula pequeña, lo que sucede en el caso de las clases juveniles de corta edad, de intermedios y aun en algunas de las clases de los adultos que a veces son un poco más espaciosas. Segundo, el largo metraje de muchas películas constituye un problema. Cuando el tiempo que se señala para la enseñanza de la lección es de treinta minutos solamente, una película de ese largo no daría tiempo para hacer una introducción adecuada ni una discusión como resumen. No obstante, ya se están produciendo una cantidad de películas más cortas, de manera que esto va dejando de ser un problema.

Tercero, el precio del alquiler de una película presenta una dificultad cuando es pequeño el grupo que la va a usar. El maestro se sentirá indeciso, y con razón justificada, antes de pagar ocho o diez pesos (dólares) por el alquiler de una película que sólo van a ver de ocho a doce personas. En muchas iglesias se resuelve este problema haciendo uso múltiple de una película determinada. Un grupo puede usar la película en la escuela dominical y otro grupo en la Unión de Preparación y de esta manera se paga solo un alquiler. A pesar de todo, mientras no se fabriquen proyectores más pequeños y menos costosos y se produzcan los materiales correspondientes a menor precio, el uso de las películas de cinematógrafo estará reducido principalmente a las asambleas de departamento y a otras reuniones de grupos numerosos.

No es recomendable que las clases se junten con el propósito de usar las películas o que se reúna el departamento completo para ver una película en el tiempo destinado a dar la lección. Se podrían hacer excepciones, naturalmente, pero éstas deberían ser raras.

Las películas en las Asambleas del Departamento. Las películas de cinematógrafo se usan a menudo en la asamblea del departamento con el propósito de la adoración. Esto tiene su valor, pero las películas pueden enseñarse en la asamblea del departamento con el propósito de ayudar en la enseñanza. De esta manera, la película puede constituirse en un auxiliar muy efectivo.[2] El superintendente usa la película en el período de la asamblea, y en el período de la clase que sigue, cada maestro usa el material presentado en la película como base para la discusión. Esto significa que habrá una cooperación más íntima entre el superintendente del departamento y los maestros, porque el período de la asamblea y el período de la clase tienen que ser planeados como una unidad global de enseñanza.

¿Cómo se lleva a cabo este planeamiento? El superintendente del departamento y los maestros decidirán con la suficiente anticipación con qué lección se va a usar la película y esto debe hacerse con cuatro a seis semanas de anticipación. Esto puede decidirse cuando los maestros se reunan para hacer un examen previo de las lecciones que se van a enseñar en el siguiente trimestre. Cuando llega la película, el superintendente del departamento y los maestros deben reunirse para verla previamente. Después que la hayan visto, juntos determinarán cuál va a ser su meta y de qué manera puede el superintendente hacer la mejor introducción de la misma ante la asamblea. La discusión y el resumen los harán mejor los

---

[2] El largo de la película es un factor importante cuando se usa en la asamblea del departamento. Puesto que ésta no debe durar más de veinte minutos, la película no puede prolongarse por más de trece minutos, con el fin de que se pueda hacer la debida introducción.

maestros, cada uno en su aula. Ellos, por lo tanto, deben planear juntos lo que han de enseñar en sus respectivas sesiones, teniendo presente el uso que se hará de la película en esa discusión.

¿De qué maneras se pueden usar las películas de cinematógrafo en la asamblea del departamento y después relacionarlas con la lección que sigue? A continuación damos algunas sugerencias. Los superintendentes y maestros pensarán en otras.[3]

(1) Para introducir las lecciones del trimestre.
(2) Para hacer el repaso de las lecciones del trimestre.
(3) Para presentar un problema social.
(4) Para darle más vida al material bíblico.
(5) Para introducir un estudio de misiones.
(6) Para presentar un ideal cristiano, ya sea de mayordomía o de evangelismo.

Cintas de Vistas Fijas

Esta clase de películas tal vez no tenga el atractivo que tienen las de cinematógrafo, pero en algunas situaciones y para determinados propósitos son medios auxiliares aun más efectivos para la enseñanza. Estas películas de vistas fijas pueden usarse en las aulas pequeñas y las de cinematógrafo, no. Los proyectores son pequeños y los materiales son lo suficientemente baratos para que se los pueda usar en las aulas. Los maestros que no están haciendo uso de estos medios auxiliares están pasando por alto un medio muy importante para hacer su enseñanza más interesante, más duradera y más efectiva.

Ventajas. Muy a menudo sucede que cuando los maestros piensan en ayudas visuales que requieran proyección, sólo piensan en películas cinematográficas. Esto es de lamentar, porque la proyección de vistas "fijas" tiene sus propias ventajas muy particulares. ¿Cuáles son algunas de las ventajas de las películas de vistas fijas?

(1) Se dispone de una riqueza de material. En la actualidad hay más material que se puede conseguir en esta forma que en ninguna otra. Ya sea que el maestro desee material visual que ayude a enseñar la Biblia, a tratar del hogar cristiano, de los problemas de la juventud, o de cualquier otro asunto, es muy probable que encuentre alguna película de vistas fijas que trate del particular y esta es una ventaja no pequeña.

(2) Esta ayuda no es costosa. El proyector no cuesta tanto como el de películas cinematográficas y casi cualquier iglesia puede costear uno o más de estos proyectores. Las películas de vistas fijas tampoco son muy caras. Deberían ser compradas por la iglesia

[3] Para averiguar cuáles son los materiales audiovisuales disponibles, consulte con una librería bautista o evangélica. Véase también el catálogo de la Casa Bautista de Publicaciones.

y conservadas en la biblioteca de la iglesia para que los distintos grupos las pudiesen usar año tras año.

(3) La tercera ventaja es que si la iglesia hace la compra de esta clase de películas, el maestro las tiene a mano cuando las necesite y no necesita escribir a la librería y esperar a que venga el material.

(4) Esta clase de equipo es fácil de manipular. La mayor parte de los maestros que no están familiarizados con los proyectores se asustan ante el pensamiento de tener que manejar estos aparatos mecánicos. El proyector de los deslizables y de las películas de vistas fijas es tan sencillo que el maestro puede aprender su manejo en muy corto tiempo.

(5) Puesto que la película de vistas fijas es una continuación fija, las vistas no se salen de su lugar como les pasa a veces a los deslizables.

(6) Puesto que cada marco de la película de vistas fijas se queda en la pantalla bastante tiempo, el maestro tiene así la oportunidad de hacer las explicaciones necesarias y hacer preguntas o contestarlas durante la sesión, lo cual realza la efectividad de la enseñanza.

Limitaciones. A pesar de lo que acabamos de decir, la película de vistas fijas tiene, como todos los demás medios de ayuda visual, sus limitaciones.

(1) Evidentemente no es tan efectiva en aquellas situaciones en que son esenciales el movimiento y la acción.

(2) Generalmente, no hace el impacto emocional ni tiene el atractivo de las películas cinematográficas.

(3) Como están arregladas en determinada continuidad, las vistas no se pueden volver a arreglar para ajustarse a la necesidad particular que el maestro pudiera tener para presentar determinada lección.

(4) Se necesita disponer de tiempo y esfuerzo para armar el equipo. Pero, naturalmente, el maestro ha de disponer de tiempo y de esfuerzo para planear su lección, cualquiera que sea el método que vaya a emplear en la enseñanza.

Uso de la película de vistas fijas. Cuando el maestro se propone usar una película de esta clase, debe poner en práctica los principios que para su utilización se discutieron anteriormente en este capítulo. Ha de tener una clara meta en su mente. Tiene que seleccionar la película relacionada con ese objetivo y planear cómo ha de usarla como parte del plan total de la lección. También ha de planear cómo la va a introducir y cómo ha de dirigir la discusión subsiguiente. Como él ha de estar hablando mientras se están viendo las vistas, él tiene que preparar lo que va a decir, qué es lo que va a señalar y las preguntas que podría hacer.

Esta clase de película es el mejor medio que se puede conseguir para impartir información. ¿Necesita la clase alguna información acerca de ciertos antecedentes bíblicos, acerca de alguno de los personajes o de los acontecimientos del Antiguo Testamento, con respecto a la vida y al ministerio de Jesús, acerca de Pablo, acerca de las costumbres y las vestimentas de los tiempos bíblicos, o acerca de la geografía de Palestina? Use una película de vistas fijas para hacer esta información más viva ante los miembros de la clase. Una película de esta clase también se puede usar para introducir las lecciones de un trimestre o para dar una idea general previa de ellas. ¿Trata la lección de algún problema social, como la delincuencia juvenil, o de un problema personal, como las relaciones entre los muchachos y las muchachas, o con algún otro ideal cristiano, tal como las misiones? Las películas de vistas fijas están al alcance de los maestros para ayudarlos en la enseñanza.

Vistas Deslizables

Las vistas deslizables se han usado a menudo como una ayuda para la adoración en las asambleas del departamento, pero aquí vamos a considerar el uso de esas vistas deslizables como auxiliares de la enseñanza en el aula. ¿Cuáles son algunas de las ventajas de estas ayudas en el proceso de la enseñanza?

Ventajas:

(1) El proyector es bastante pequeño, de manera que se puede usar en el aula y es suficientemente ligero, de manera que se puede llevar fácilmente. Además, es fácil de manipular. [4]

(2) Las vistas deslizables se pueden usar en relación directa con lo que se está enseñando en la lección. Tal vez el maestro necesite usar una en la introducción y, más tarde, durante el desarrollo de la lección, tal vez se necesite otra para dar alguna información sobre un punto que se esté discutiendo. Estas vistas deslizables se pueden pasar todas de una vez o se pueden ir intercalando a medida que avanza la explicación de la lección.

(3) Hay una verdadera riqueza de material de esa clase que está disponible.

(4) Cuando una iglesia compra una cantidad de vistas deslizables y las deposita en la biblioteca de la misma, muchos grupos distintos las pueden usar con distintos propósitos. Una vista se puede usar con un grupo un domingo para ayudar a enseñar la vida de Jesús. La misma vista podrá usarse en una clase distinta, para demostrar el aspecto de una casa en Palestina. El mismo deslizable se podría usar otro domingo con un grupo diferente para enseñar las ropas, las costumbres o la vida en Palestina.

(5) Estas vistas se pueden usar en un cuarto que esté en semioscuridad. No es requisito indispensable la oscuridad completa.

---

[4] Se recomienda que una iglesia adquiera un proyector que sea una combinación de proyector para las vistas deslizables y para las películas de vistas fijas, de manera que no sea necesario comprar uno de cada clase. Si se dispone de suficientes fondos para adquirir dos proyectores es mejor comprar los dos de combinación para deslizables y vistas fijas.

(6) La vista deslizable se puede dejar en la pantalla indefinidamente, haciendo posible un estudio cuidadoso, que se hagan preguntas y respuestas por los miembros de la clase, además de los comentarios y las preguntas del maestro.

(7) Las vistas deslizables tienen una flexibilidad inigualable. El maestro puede juzgar más conveniente usar sólo unas pocas de la colección. Otro maestro puede pensar que le acomoda mejor usarlas en un orden distinto al que traen en la colección puesto que las va a usar en la lección de otro domingo y su objetivo difiere del que tenía el maestro anterior.

Limitaciones. Como pasa con todos los tipos de medios auxiliares visuales de proyección, las vistas deslizables tienen ciertas limitaciones. Hace falta dedicarle algún tiempo y esfuerzo a la instalación del equipo. Se deben atender los detalles mecánicos con anticipación. Lo mismo que pasa con las películas de vistas fijas, las deslizables no son muy efectivas en las situaciones en que el movimiento sea esencial para captar el significado. Si no se tiene cuidado, un deslizable puede proyectarse con lo de arriba para abajo, causando con ello una interrupción indeseable en la enseñanza de la lección.

Usos de las vistas deslizables. Estas se usan en muchos de los casos en que se usan las películas de vista fija. Son útiles para introducir una lección o repasarla y lo mismo con las lecciones del trimestre. Son excelentes si se trata de enseñar lecciones de los tiempos bíblicos o de la vida en los campos misioneros. Y también se pueden usar para introducir un problema a discutir.

En la actualidad hay muchas personas que se dedican a hacer sus propias vistas deslizables. Los maestros podrían hacer lo mismo y eso haría su enseñanza mucho más personal. Por ejemplo, si la lección va a tratar de misiones y si el objetivo del maestro es estimular el interés de la clase en inaugurar una misión en algún barrio necesitado de la comunidad, él puede tomar una serie de vistas deslizables de aquel barrio y usarlas en la clase para que la conciencia sienta de una manera más real aquella necesidad.

Proyección Opaca

La proyección opaca es probablemente la menos conocida de las ayudas de proyección, sin embargo, se puede usar con gran provecho. Esta usa la luz reflejada en una serie de espejos para proyectar un grabado plano en la pantalla.

Ventajas. ¿Cuáles son algunas de las ventajas de este medio auxiliar visual?

(1) Los materiales que se van a usar están siempre al alcance de la mano del maestro. Los grabados que se necesitan se pueden encontrar en libros, revistas, periódicos denominacionales o periódicos diarios. Un libro se puede colocar en el proyector y éste muestra el grabado a la clase. Así se pueden reflejar los grabados tanto

montados, como si están sin montar. El material no tiene más límites que la ingeniosidad del maestro para buscarlo.

(2) Los grabados pueden montarse y guardarse para usarlos en repetidas ocasiones.

(3) Los grabados aparecen en la pantalla en su color natural y la calidad del color no tiene más límites que los que tenga el color en el grabado.

(4) El proyector se presta para usos muy variados. Se presta para muchos propósitos y se puede encender y apagar tantas veces como sea necesario durante el período de la lección.

(5) Su manejo es muy sencillo.

Limitaciones

(1) La máquina es voluminosa y pesada para transportarla de un lado a otro.

(2) El proyector cuesta aproximadamente el doble de lo que cuestan los proyectores de las vistas deslizables y de películas de vistas fijas.

(3) Su tamaño se limita al tamaño del grabado que va a reproducir. La mayor parte de los proyectores opacos no pueden reproducir grabados de más de 25.5 centímetros de alto por 25.5 centímetros de ancho.

(4) Tal vez la limitación más seria de todas sea el hecho de que el recinto tiene que estar en la más absoluta oscuridad si se quiere obtener vistas buenas. Como la luz que usa es luz reflejada, ésta no es lo suficientemente potente para que se pueda usar en cuartos que estén medio a oscuras.

Guía para la Preparación de la Lección

Es de máxima importancia que el superintendente del departamento haga sus planes con anticipación cuando vaya a tratar este tema con sus maestros. En primer lugar, debe pensar en tratar un miércoles por la noche cuando la lección para el siguiente domingo se preste para el uso de una ayuda con proyección. En segundo lugar, sus planes se deben hacer con la anticipación suficiente para que la ayuda de proyección (particularmente si se trata de una película de cinematógrafo) pueda ser encargada, de manera que llegue a tiempo para que se pueda usar en el domingo que se desea. Cuando los maestros examinen previamente las lecciones que van a dar en el próximo trimestre, pueden decidir en qué domingo, o en qué domingos desean usar los medios auxiliares con proyectores. Tercero, él mismo debe usar algunos de esos medios visuales al presentar este tema a sus maestros. Debe hacer algo más práctico que darles una conferencia sobre el valor de los medios auxiliares visuales.

1. Los maestros serán los que determinan el objetivo de la lección.

2. En vista del objetivo de la lección deberán decidir cuál de las ayudas con proyección será la más adecuada para conseguir su objetivo. (Más exactamente, estos dos pasos deberían ser dados con anterioridad por el superintendente y los maestros, de manera que el material llegue a tiempo.)

3. Asegúrense de que el material visual seleccionado está relacionado con la lección y que contribuirá al propósito de la misma.

4. Repase con los maestros los principios de utilización. Estos deben seguirse meticulosamente para obtener los más efectivos resultados.

5. ¿Se va a usar una película en el período de la asamblea del departamento? Siendo así, esto significa que el superintendente del departamento y los maestros deben planear juntos la sesión global.

(1) Hagan juntos un examen previo de la película.

(2) ¿De qué manera hará el superintendente la presentación de la película?

(3) ¿Cómo habrán de usar los maestros la película en el aula?

6. ¿Se va a usar una película de vistas fijas?

(1) ¿Cómo se ajustará al plan total de la lección?

(2) Asegúrese el repaso y la observancia de los principios de utilización.

(3) ¿Qué comentarios deberán hacerse mientras se ven las vistas fijas?

(4) ¿Qué preguntas se harán?

7. ¿Se van a usar vistas deslizables?

(1) ¿Con qué propósito se van a usar?

(2) ¿Cómo se van a relacionar con el plan de la lección?

8. ¿Se va a usar un proyector opaco?

(1) ¿Se han conseguido ya los grabados que se desean?

(2) ¿Deberían montarse?

(3) ¿Cómo deben usarse en relación con el plan de la lección?

Una herramienta que le ayudará a que sus alumnos participen activamente en la experiencia de enseñaza-aprendizaje.

¡Basta de clases aburridas! Sus alumnos estarán entusiasmados disfrutando de las actividades sugeridas.

DINAMICAS está dirigido a grupos de adolescentes y jóvenes quienes, juntamente con sus maestros, descubrirán la importancia de aprender por medio de la experiencia.

El libro que tiene en sus manos le presenta un vistazo general de las técnicas de grupo más usuales. De esa manera usted podrá elegir la más adecuada. Algunas de esas técnicas son:

A. Técnicas en que intervienen expertos:
Simposio, Mesa redonda, Panel, Diálogo o debate público, Entrevista o consulta pública.

B. Técnicas en las que interviene activamente todo el grupo:
Debate dirigido o discusión guiada. Pequeño grupo de discusión, Phillips 66, Cuchicheo, Foro, Estado Mayor, Torbellino de ideas, Técnica del riesgo, discusión de gabinete, Estudio de casos, etc.

La gran variedad de ideas que los autores ofrecen a sus lectores hará que su labor docente sea más fácil, y por lo tanto se convierta en una experiencia grata.

DINAMICAS

Actividades para el proceso de enseñaza-aprendizaje

Art. No. 11601 CBP

No. 15045 —EMH

**ATLAS DE LA BIBLIA
Y DE LA HISTORIA DEL CRISTIANISMO**
Tim Dowley, Editor

Dividido en cinco secciones: AT,
NT, Iglesia: Antigua, Moderna y
Actual. Relaciona la Biblia y la
historia por medio de mapas y
fotografías a todo color.
Excelente para la biblioteca
de seminarios e institutos,
y para el estudio de profe-
sores, pastores, estudiantes y predicadores de la
Biblia.

**No. 48369
LA BIBLIA ONLINE**

○ Con la facilidad de con-
sultar simultáneamente
la Biblia en español y
en inglés.
○ Sistema de numeración
Strong incluido.
○ Mapas a todo color.
○ Versión en disco compacto, compatible con PC.